D1687750

BLAULICHT IM KESSEL

STUTTGARTER POLIZEIGESCHICHTE(N)

MICHAEL KÜHNER / HEIDI DEBSCHÜTZ

BLAULICHT IM KESSEL

STUTTGARTER POLIZEIGESCHICHTE(N)

Südverlag

IMPRESSUM

Bibliografische Information der Deutschen Bibliothek
Die Deutsche Bibliothek verzeichnet diese Publikation in der Deutschen Nationalbibliografie; detaillierte bibliografische Daten sind im Internet über http://dnb.ddb.de abrufbar.

ISBN 978-3-87800-113-3

Das Werk einschließlich aller seiner Teile ist urheberrechtlich geschützt. Jede Verwertung außerhalb der engen Grenzen des Urheberrechtsgesetzes ist ohne Zustimmung des Verlages unzulässig und strafbar. Das gilt insbesondere für Vervielfältigungen, Übersetzungen, Mikroverfilmungen und die Einspeicherung und Verarbeitung in elektronischen Systemen.

© Südverlag GmbH, Konstanz 2018
Text:
Michael Kühner und Heidi Debschütz
Umschlag, Layout, Satz und Seitengestaltung:
Lutz Eberle, Stuttgart
Umschlagabbildungen:
Polizeihistorischer Verein Stuttgart e.V., Heike Deringer
Druck und Bindung:
C. Maurer GmbH & Co. KG, Geislingen/Steige

Südverlag GmbH
Schützenstr. 24
78462 Konstanz
Telefon 07531-9053-0
Telefax 07531-9053-98
www.suedverlag.de

DIE AUTOREN

MICHAEL KÜHNER hat bei der Stuttgarter Polizei viele Stationen durchlaufen. Als Chef der Schutz- und Kriminalpolizei und Stellvertretender Polizeipräsident beendete er 2008 seine berufliche Laufbahn. Gleichzeitig ist der gebürtige Stuttgarter, der die Kriminalgeschichte seiner Heimatstadt wie seine Westentasche kennt, ein passionierter Polizeihistoriker. Als Vorsitzender des Polizeihistorischen Vereins Stuttgart e.V. hat er mit diesem das 2015 eröffnete Polizeimuseum Stuttgart aufgebaut. Durch seine Beiträge auf Veranstaltungen und im TV sowie sein Buch »Trümmermorde« ist Michael Kühner bereits einem größeren Publikum bekannt.

HEIDI DEBSCHÜTZ lebt im Stuttgarter Raum und arbeitet schon seit vielen Jahren als freie Autorin, Texterin und Redakteurin für verschiedene renommierte Unternehmen und Institutionen. Mit dem faszinierenden Thema der Stuttgarter Polizeigeschichte kam die studierte Germanistin und Naturwissenschafts- und Technikhistorikerin durch ihre aktive Mitarbeit an der textlichen Gestaltung des Polizeimuseums Stuttgart in Berührung – ein Einstieg, der mit ihrem Einsatz bei »Blaulicht im Kessel« jetzt seine intensive Fortsetzung findet …

POLIZEI-HISTORISCHER VEREIN STUTTGART e.V.

POLIZEIMUSEUM STUTTGART

www.polizeimuseum-stuttgart.de

INHALT

ÜBER DIESES BUCH	6
ÜBER RECHT UND ORDNUNG	8
POLIZEI IM HERZOGTUM UND KÖNIGREICH WÜRTTEMBERG	10
IM STRUDEL DER WEIMARER REPUBLIK	50
DIE STUTTGARTER POLIZEI IM NATIONALSOZIALISTISCHEN STAAT	56
NEUBEGINN – VOM KAPITULATIONSCHAOS ZUM WIRTSCHAFTSWUNDER	86
DIE RAF – SCHAUPLATZ STUTTGART	116
NEUE HERAUSFORDERUNGEN AUF DEM WEG INS 21. JAHRHUNDERT	142
DANKSAGUNG	159
LITERATURHINWEISE/ BILDNACHWEIS	160

HELM eines Cannstatter Schutzmanns Ende des 19. Jahrhunderts.

ÜBER DIESES BUCH

IM JAHR 2007 gründeten 28 ehemalige und aktive Polizeibedienstete den Polizeihistorischen Verein Stuttgart e.V. Es war der Beginn einer ebenso spannenden wie ehrgeizigen Aufgabe: der Erforschung der Stuttgarter Polizeigeschichte.

Acht Jahre später, nach einer langen, aufwändigen und gleichzeitig atemberaubenden Spurensuche nach Zeugnissen der polizeilichen Vergangenheit, war es so weit: Das Stuttgarter Polizeimuseum öffnete am 25. Februar 2015 seine Pforten.

Ein großes Ziel war erreicht: Ein Museum zu schaffen, das die Polizeigeschichte Stuttgarts für alle Besucher zugänglich dokumentiert und gleichzeitig in einen größeren gesellschaftlichen Kontext stellt. Im Dialog mit Bürgern und Polizisten wird hier Stellung bezogen: über unseren Umgang mit Recht und Gesetz und über unser Verständnis von Staat und staatlicher Gewalt. Das Museum stellt uns vor die Frage, welche Stellung die Polizei hatte und hat. Wie hat sich die Gesellschaft verändert? Und: Wer hat dabei wen verändert? Kritische Themen der Polizeigeschichte werden angesprochen: die Rolle der Polizei im Nationalsozialismus und auch die Zeit des RAF-Terrors und der Stammheim-Prozesse, in der sich die Polizeiarbeit in ganz Deutschland nachhaltig veränderte. Und auch dem Spektrum der »alltäglichen« Polizeiarbeit von der Bewältigung des Straßenverkehrs bis hin zur Verbrechensbekämpfung bietet das Museum eine breite, die Jahrhunderte umspannende Bühne. Die ehrenamtlichen Museumsmacher näherten sich dabei ihrer Arbeit gleich von zwei Seiten: Einerseits erarbeiteten sie die Stuttgarter Polizeigeschichte mit dem kühlen Blick von Historikern, ordneten sie in den gesamtgeschichtlichen Kontext ein und suchten dafür aussagekräftige Exponate. Andererseits waren sie in das historische Polizeigeschehen aber auch persönlich involviert: Als Polizisten, deren Berufslaufbahn meist in den 1970er-Jahren begann, sind sie ebenso wichtige wie sachkundige Zeitzeugen.

Die Geschichte der Polizei Stuttgart, das hat sich herausgestellt, ist zu vielfältig und umfangreich, um auf der begrenzten Ausstellungsfläche von 220 Quadratmetern in wirklich allen Facetten präsentiert werden zu können. Immer wieder wurden die Museumsverantwortlichen deshalb von begeisterten Besuchern nach einem begleitenden Buch zur Stuttgarter Polizeigeschichte gefragt. Der hier vorliegende Band will diesem Wunsch nachkommen und die im Stuttgarter Polizeimuseum abgebildete Geschichte der Stuttgarter Polizei ergänzen und vertiefen.

ÜBER RECHT UND ORDNUNG

NICHT WENIGE MENSCHEN haben zur Institution Polizei ein ambivalentes Verhältnis. Wer kennt nicht das flaue Gefühl im Magen, wenn im Rückspiegel ein Streifenwagen auftaucht? Habe ich die Papiere dabei, nichts getrunken und ist der TÜV-Stempel noch aktuell? Aber andererseits: Hilflos und verdattert steht man auf der Kreuzung, gerammt von einem Lastwagen, der Fahrer brüllt einen an, über das Handy 110 ein Notruf … Nur wenige Minuten später klingt da das Martinshorn der Streife wie Musik in den Ohren.

Polizeiarbeit ist Dienst am Bürger. »Die Polizei hat die Aufgabe, den Einzelnen und das Gemeinwesen zu schützen.« So steht es im Polizeigesetz. Sie hat einerseits einen präventiven Auftrag, nämlich die Abwehr von Gefahren und Störungen der öffentlichen Sicherheit und Ordnung. Im Gegensatz dazu steht die Strafverfolgung, bei der die Polizei repressiv tätig wird: »Dem Täter auf der Spur«, Spurensuche, Vernehmung, Festnahme. Die Polizei ist dabei ein legitimiertes staatliches Machtinstrument, ein Spiegelbild der jeweiligen staatlichen Ordnung. Sei es in der Monarchie, in der Demokratie oder im Totalitarismus. Was Recht ist und wie dieser Begriff gedehnt und umdefiniert werden kann, zeigte sich auf erschreckende Weise im Nationalsozialismus: Grundrechte wurden »bis auf Weiteres« aufgehoben. Die Polizei mutierte zum Kampfinstrument der Machthaber. Partei, Staat und Polizei verschmolzen zu einem Brei von Gewalt, Terror und Unrecht, endend in einem größenwahnsinnigen Krieg mit Millionen von Opfern.

Das sind – zugegebenermaßen – sehr große, politische Themen. Das Buch greift diese Themen insofern auf, als sie ein wichtiger Kontext für die Rolle der Polizei in einem Unrechtsregime und deshalb wichtige Fragestellungen für die gesamte Gesellschaft waren und sind.

VERKEHRSKONTROLLE 1950er-Jahre: »Bitte Führerschein und KFZ-Schein«.

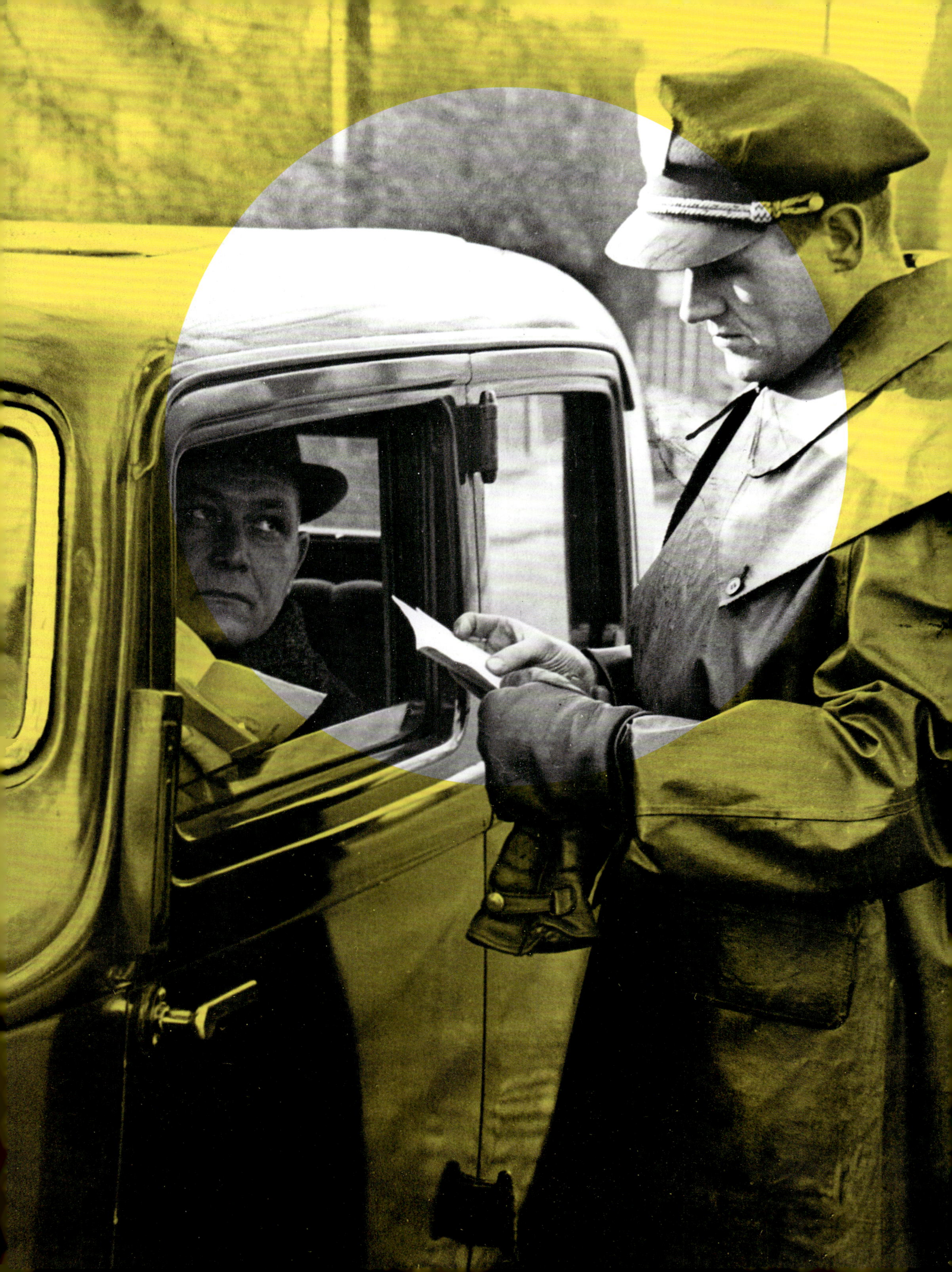

POLIZEIHELM eines königlich württembergischen Landjägeroffiziers von 1871. Die im Volksmund als Pickelhaube bezeichnete Kopfbedeckung wurde von 1871 bis 1918 getragen.

POLIZEI IM HERZOGTUM UND KÖNIGREICH WÜRTTEMBERG

DIE GESCHICHTE DER POLIZEI und der Verbrechensbekämpfung bis in die Gegenwart zeigt, dass Polizeiarbeit immer vor dem Hintergrund wechselnder historischer Zeitläufe und staatlicher Systeme betrachtet werden muss.

Im Herzogtum Württemberg wurde 1551 die auf dem Reichstag in Regensburg beschlossene »Peinliche Gerichtsordnung Kaiser Karls V.«, die »Constitutio Criminalis Carolina (CCC)«, auch kurz »Carolina« genannt, förmlich in Kraft gesetzt. Bis zum Beginn des 19. Jahrhunderts bildete die »Carolina« die Grundlage der Württembergischen Strafrechtspflege.

Vergehen und Verbrechen wurden durch Geld-, Haft- und Ehrenstrafen sanktioniert. Auf dem Stuttgarter Markt stand der Pranger mit einem Halseisen und einem Schnappgalgen. Hier wurden leichte Mädchen und Marktdiebe zur Schau gestellt. Für Felddiebe war der sogenannte »Gießübel« bereitgestellt, ein hölzerner Kasten im Nesenbach; er hatte eine Falltüre, durch die die Übeltäter ins Wasser gestürzt wurden.

Die Gefängnisse in Stuttgart lagen an der Mauer der Innenstadt. »Die Katz« hieß ein viereckiger Gefängnisturm, der auf die Stadtmauer gebaut war und drei Haftränume hatte. Der obere Raum konnte bis zu zehn Beschuldigte aufnehmen, hatte dicke Mauern und zwei Türen, aber nur ein Luftloch. Der mittlere Ge-

CONSTITUTIO CRIMINALIS CAROLINA: Grundlage der Württembergischen Strafrechtspflege.

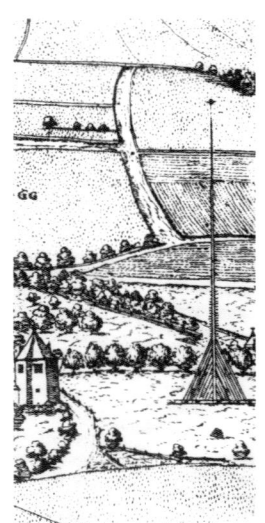

DIE GEFÄNGNISSE in Stuttgart lagen an der Mauer der Innenstadt. Das Letzen-Tor (Letze = Wall oder Schanze) befand sich bis 1720 zwischen Tagblatt-Turm und dem Kaufhaus Schocken. Ein viereckiger Turm stand gegenüber dem Haus Schulstraße 17. Im Turm des Schultors waren ein Verhörzimmer untergebracht sowie eine Zelle, in der die zum Tode Verurteilten bis zu ihrer Hinrichtung verwahrt wurden.

DER GALGEN auf der Wolframshalde im Stuttgarter Norden, außerhalb der Stadtmauer, wurde 1447 aufgestellt. Er war bis zum Jahr 1788 in Betrieb und erlangte durch die Hinrichtung des Joseph Süß Oppenheimer im Jahre 1738 überregionale Berühmtheit.
Eine weitere Hinrichtungsstätte war auf der Feuerbacher Heide, wo 1845 die letzte öffentliche Enthauptung in Stuttgart durchgeführt wurde.

fängnisraum beherbergte die »liederlichen Sachen«. Hier wurden Personen verwahrt, die sich durch ihren leichtsinnigen oder unsittlichen Lebenswandel strafbar gemacht hatten. Der untere Raum war wiederum dick ausgemauert, hatte zwei Türen und lediglich zwei Luftlöcher nahe am Boden: In ihm konnten bis zu 20 Menschen eingesperrt werden. Um die Gefangenen, denen man schwere Verbrechen vorwarf, zu Geständnissen zu bewegen, wurden sie der Prozedur der Folter unterzogen. Herzog Christoph ließ 1566 an der äußeren Stadtmauer zwischen Tübinger Straße und Marienstraße den mit dicken Mauern versehenen Folterturm, auch »Peinlich-Fragturm« oder nach dem Erbauer »Stoffel-Turm« genannt, erbauen. Die Tortur der Folter war jahrhundertelang ein von den Gerichten angeordnetes Mittel der Wahrheitsfindung bei Verbrechen. Erst 1809 wurde sie durch König Friedrich in Württemberg abgeschafft. Der Monarch erklärte sie bei »peinlichen« Untersuchungen als Beweis- und Reinigungsmittel für unvereinbar »mit den besseren Begriffen von Gerechtigkeit und Menschlichkeit«.

Zitiert in: SAUER, PAUL: *Geschichte der Stadt Stuttgart.* Bd. 2. S.107.

Um die Sicherheit in der Stadt einigermaßen zu gewährleisten, standen Fremde, Bettler, Landstreicher und Dienstboten, auch Auswärtige des höheren Standes, unter strenger Aufsicht. 1609 wurde den Gastwirten zur Auflage gemacht, alle übernachtenden Fremden der herzoglichen Kanzlei anzuzeigen. Schon zu dieser Zeit wurde die Obrigkeit darauf hingewiesen, dass die in den Vorstädten übel bestellten Wachen nicht in der Lage seien, die Schlupfwinkel und verdächtigen Orte aufzuspüren, an denen sich das »liederliche Gesind« verstecke.

So gab es in Süddeutschland im 18. Jahrhundert neben den Kernlanden etwa 40 Fürstentümer und Grafschaften, geistliche Territorien, 36 freie Reichsstädte, über 300 reichsständische Territorien, selbstständige Besitzungen der Reichsritter, vorderösterreichische und kurpfälzische Gebiete, die wiederum häufig in sich zerrissen waren. Die Vielfalt staatlicher Hoheitsgebiete und die Ausübung der Polizeihoheit in diesen eng gefassten örtlichen Zuständigkeiten behinderten die polizeiliche Fahndung nach Verbrechern und erschwerten die staatliche Verbrechensbekämpfung.

DER GIESSÜBEL, ein hölzerner Kasten, in dem der Delinquent zur Schau gestellt wurde. Er hatte eine Falltüre, durch die der Felddieb nach mehrmaligem »Wippen« in den Nesenbach gestürzt wurde.

POLIZEI IM HERZOGTUM UND KÖNIGREICH WÜRTTEMBERG

STADTANSICHT VON STUTTGART
um 1750. Unten links: »Der Käs«. Bereits 1451 befand sich vor dem Hauptstätter Tor auf dem heutigen Wilhelmsplatz die Richtstätte, die »Hauptstatt«. Hier nahm der Scharfrichter oder Nachrichter Hinrichtungen mit dem Schwert vor. Die kreisrunde Mauer, die mit Erde ausgefüllt war und die Enthauptung vor den Blicken der Bevölkerung schützen sollte, hatte die Form eines Käselaibs und wurde im Volksmund »Käs« genannt. 1811 wurde der »Käs« abgetragen.

STUTGARD ist des Würtenberg. Lands Hauptstatt u. Höchfürstl. Residenz, mitten im Land u. nicht weit vō dem Fluß Neckar in einer angenehmē Grund ligend. Vor alters war Sie meistens ein Mayer Hof od. Stutterey, u. ist daher an sich selbst. nicht sonderl. groß, zu deßē Andenckē führet sie ein Mutter Pferd in ihrē Wappē. Margr. Rudolph v. Bad soll sie ao 1119 zu bauē angef. u. nach dasiger Zeit art befest. habē. ao 1142 ist sie durch Häyrath an das Haus Würtb. gekomen. Sie hat 2 große Vorstätte, et lich 1000 jauchert Weinb. u. fruchtbare Bäume genug, woraus zum theil d. daßige Burger, Arbeit u. Nahrung zu erkonen. 1435 hat Graf Ulrich das ige Rath Haus worē. sein Bildn. stehet erbauet, unter welches die Mengd. Nebē d. hieß. Stiffts Kirche worin die Gräfl. u. einiger Fürst. begrabn. wie auch die im Bebehauß Hof u. in alte Spit. sind auch die 2 Kirche in besagtē Vorstätte, in welche d. Gottes Dienst nach norm d. Augsp. Conf. verrichtet wird, als welche schō 1599 zu Prag besonders rathabirt, aufs volkomste ab. im Westph. Fried. mit alle zugehor confirm. wordē. die Burger Hauß sind nicht sonderl. wohl angelegt. ab. das Fürstl. Schloß hat sehr viel Merckwūrdigkeitē allhier gehaltene Tur nier werdē bis 30 gezählt. d. Kayſ. Rud. I. hat sie belagert; wie dan dieſe gute St. im 30 Jähr. Kr. u. nach dieſē durch vielfältē Franzöſ. in vaſionē viel erlittē.

STUTGARDIA
Würtenbergensis Ducatus Metropolis,
arcem habens elegantissimam, multasq3 amœnitates.
exhibita à M. SEUTTER, S.C. et Cath. Maj. Geogr. August. Vind.

STUTGARD
Die Hoch Fürstlich u. annehmliche Haupt und Residentz Stadt
des Herzogthums Würtenberg nicht weit vom Neckar;
ausgefertigt u. verlegt von MATTH. SEUTTER, Kayserl.
u. Königl. Cathol. Majeſt. Geogr. in Augſpurg.

Von der staatlichen Residenzpolizei Stuttgart zur kommunalen Eigenständigkeit

DIE BESONDERE BEDEUTUNG der Residenzstadt Stuttgart für die herzogliche Regierung führte 1763 zur Errichtung einer eigenen, aus Hof- und Staatsdienern zusammengesetzten Polizeideputation, die mit der unmittelbaren Aufsicht und Leitung der Stuttgarter Polizei beauftragt wurde. Die sechs angestellten Polizeikommissäre bezogen ihr Gehalt sowohl von den herzoglichen Kammern als auch von der Stadtkasse. Bis zum Jahr 1790 war Stuttgart auf 20 000 Einwohner angewachsen, mit der Folge, dass die Stadt in zwei Polizeibezirke aufgeteilt wurde. Jeder Bezirk unterstand einem Polizeikommissär, dem wiederum acht besondere Polizeidiener unterstanden.

Nach der Bildung des Königreichs Württemberg 1806 erließ König Friedrich I. eine Generalverordnung zur Aufrechterhaltung der öffentlichen Sicherheit für das ganze Staatsgebiet. Für die Überwachung der Straßen außerhalb geschlossener Ortschaften wurde 1807 das »Landreuther-Corps« verfügt. Seine Angehörigen hatten alle Haupt- und Nebenstraßen des Königreichs zu durchstreifen und auf alles aufzupassen, was der öffentlichen Sicherheit zuwiderlief. Aus dieser Organisation ging das Württembergische Landjägerkorps hervor, das unter wechselnden Bezeichnungen viele Jahrzehnte für die Sicherheit auf dem Lande sorgte.

Durch königliches Dekret wurde die Polizeiverwaltung in den Residenzstädten Ludwigsburg und Stuttgart einer »Oberpolizeidirektion« unterstellt. Als Exekutivbeamte standen fünf Polizeikommissare, ein Polizeileutnant, 25 Polizeisoldaten und zwölf Landreiter im Sold des Landes. Hinzu kamen täglich acht Mann der Bürgerwehr. An den Kosten dieser neuen Behörde war die Stadtkasse nur mit einem unbedeutenden Betrag beteiligt. 1820 wurde ein städtisches Polizeiamt als staatliche Auftragsangelegenheit eingerichtet. Der Stadtdirektion unterstellt, bestehend aus drei Polizeikommissären, einem Wachtmeister, drei Unteroffizieren und 24 Polizeisoldaten. Obwohl bereits 1822 durch ein Verwaltungsedikt den Gemeinden die Polizeihoheit zugebilligt wurde, verzichtete die Stadt Stuttgart bis 1849 auf die Polizeihoheit und beteiligte sich lediglich mit einem Betrag von jährlich 5 400 Gulden an den Kosten der Residenzpolizei. Fortan gab es in Stuttgart nur noch die dem Stadtpolizeiamt unterstellte kommunale Polizei.

UNIFORMROCK des Württembergischen Landjägerkorps ab 1892. Auf den Schulterklappen wurde 1907 der königliche Namenszug angebracht, der dem Korps aus Anlass des 100-jährigen Bestehens von König Wilhelm II. verliehen wurde.

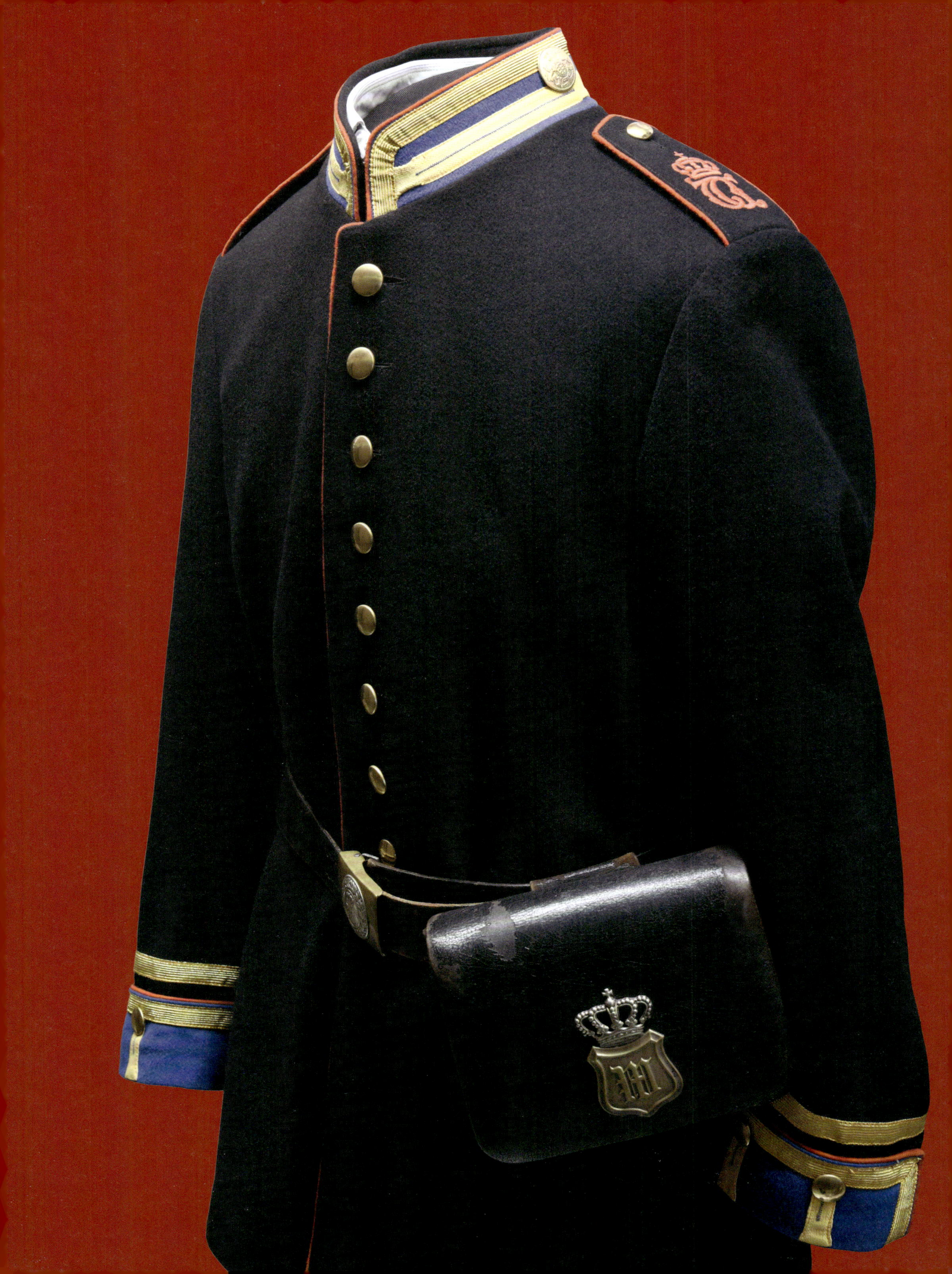

Nr: 2.

Nro. 2.

cessirt.

Ober Polizei Comissaire der Residenzen.

Nro. 5.

cessirt.

Gemeiner Polizey Soldat. im Winter

Seite 18/19
DIE RESIDENZPOLIZEI IN STUTTGART
unterstand ab 1763 der Aufsicht der herzoglichen Regierung und ab 1808 dem königlichen Ministerium für auswärtige Angelegenheiten. Zur Handhabung der Ortspolizei wurde 1808 eine Oberpolizeidirektion in Stuttgart errichtet, die für die Residenzstädte Ludwigsburg und Stuttgart den Polizeiapparat beaufsichtigte.

DER STUTTGARTER SCHUTZMANNSSÄBEL
(links) wurde gegen Ende des 19. Jahrhunderts bei der Stuttgarter Schutzmannschaft eingeführt und prägte bis zum Beginn des Ersten Weltkriegs das Bild des Polizisten auf Stuttgarts Straßen. In den Kriegsjahren wird die württembergische Polizei militärisch bewaffnet. Für eine »zivile« Polizeiwaffe war kein Platz mehr.

WACHTMEISTERSÄBEL
(rechts) wurden erst in den 1920er-Jahren im Freistaat Württemberg für die Schutzpolizei ausgegeben.

WASENWACHE des
12. Reviers Bad Cannstatt:
Volksfest und Landwirtschaftliche Ausstellung 1909 auf dem Cannstatter Wasen.

SIGNALPFEIFE
eines Stuttgarter Schutzmanns, undatiert.

POLIZEI IM HERZOGTUM UND KÖNIGREICH WÜRTTEMBERG

CORPUS DELICTI:
Das Giftbuch des Apothekers als Beweismittel
für die Beschaffung des Rattengifts.

Gift
Buch.
1830.

An

den Criminal-Senat

des

Koeniglichen Gerichtshofs für den Neckarkreis.

Anklage-Schrift

in

der Untersuchungs-Sache

gegen

Christiane Ruthardt

von Ludwigsburg,

wegen Mords.

Eßlingen, den 30. July 1844.

Die Giftmörderin Christiane Ruthardt

DIE 1804 UNEHELICH GEBORENE Christiane Ruthardt war die Tochter der Baronin von Lehsten und des Stuttgarter Wundarztes von Klein. Beide waren verwitwet und stammten aus altem württembergischem Adel. Durch die ungewollte Schwangerschaft kam es zum Bruch, und das Kind wurde unter falschem Namen einer Pflegefamilie übergeben. 1812 holte die Schwester des Hofmedicus von Klein ihre Nichte nach Stuttgart. Nach Auseinandersetzungen wurde sie in eine Erziehungs- und Bildungsanstalt gebracht, wieder zurückgeschickt und nach angedichteten »Liebeständeleien« von der Familie verstoßen. Als Kammermädchen verdingte sie sich die nächsten 15 Jahre in verschiedenen Stellungen, wo sie mit guten Zeugnissen reüssierte. 1839 ging sie eine Vernunftehe mit dem Goldarbeiter Eduard Ruthardt ein. »Weil er ein rechtschaffener und braver Mann war, so hoffte ich, dass es mir gelingen soll, mit ihm, obschon ich ihn nicht liebte, eine zufriedene Ehe zu führen.« Ihr Ehemann wollte jedoch mehr als nur ein einfacher Goldarbeiter sein: Sein Ziel war es, ein Perpetuum mobile zu bauen. Trotz Arbeitslosigkeit kaufte er sich teure Bücher und trieb seine Familie in die Armut. Verzweifelt versuchte Christiane Ruthardt, durch eigene Arbeit die Familie über Wasser zu halten, glitt aber immer tiefer in eine Schuldenspirale und sah den letzten Ausweg in der Beseitigung ihres Ehemannes. »[...] ich sah eben keinen anderen Ausweg mehr, als den, daß unser eheliches Verhältnis endigen müsse.«

DER GIFTMORD-PROZESS gegen Christiane Ruthardt war das gesellschaftliche Ereignis in Stuttgart. Zutrittskarten zur Verhandlung wurden auf dem Schwarzmarkt gehandelt. 54 Zeugen und Sachverständige wurden vernommen, bis am 23.12.1844 das Todesurteil verkündet wurde.

Sechs verschiedene Ärzte suchte sie auf, um sich Arsen zu besorgen. Drei davon stellten ihr den Giftschein aus – in dem Glauben, das Gift sei gegen Ratten. Nach drei Giftmahlzeiten verstarb Eduard Ruthardt am 11. Mai 1844. Seine Ehefrau und Mörderin wurde noch am selben Tag von dem Polizeidiener Götz festgenommen und in das Kriminalamt zur Vernehmung gebracht.

Wie konnte der Fall so schnell geklärt werden? Diakon Hofacker hatte den schwerkranken Ruthardt am Tag vor dessen Ableben besucht und teilte dies nachmittags seinem Schwager Pfarrer Rothacker und dessen Ehefrau mit. Diese erinnerte sich, die Ruthardt am 6. Mai 1844 bei Dr. Cammerer gesehen zu haben. Sie habe dort um ein Abführmittel und weißes Arsenik zur Rattenvernichtung gebeten, aber kein Wort von der Krankheit ihres Mannes erzählt. Man informierte Dr. Cammerer von den mysteriösen Umständen, der daraufhin am Todestag die Ruthardts in deren Wohnung aufsuchte. Gelöst und ohne Aufregung gab Christiane ihm zu verstehen, dass das Abführmittel gewirkt habe. Sie verschwieg dabei wohlweislich, dass ihr Mann bereits tot war. Erst durch Nachforschungen in der Apotheke erfuhr Dr. Cammerer vom Tod seines Patienten. Der Arzt sah sich in seinem »Gewissen veranlaßt, diese Sache anzuzeigen«.

Am 23. Juni 1845 wurde der überführten Giftmörderin erneut das Todesurteil verkündet. Es war die letzte öffentliche Hinrichtung in Stuttgart, als der Scharfrichter Weidenkeller am 27. Juni 1845 auf der Feuerbacher Heide die unglückliche Giftmörderin mit dem Richtschwert exekutierte. Als die enthauptete Leiche schließlich mit der Kutsche nach Tübingen in die Anatomie gebracht wurde, kam es zu beschämenden Zwischenfällen: Sowohl bei einer Fahrtunterbrechung in Dettenhausen als auch im Anatomiehof in Tübingen wurde der Leichnam von einer aufgebrachten Menschenmenge über Stunden hinweg pietätlos geschändet, ohne Wahrung von Moral oder Anstand und im Beisein der begleitenden Landjäger und des Anatomiedieners.

Zitatquellen: Staatsarchiv Ludwigsburg E 319, Bü 159–160, Bü 158–160, Bü 159.

Oben: **DAS BEWEISMITTEL**: Auszug aus dem Giftbuch des Apothekers, wo der Kauf des Arsenik dokumentiert ist.
Rechts: »**TODESSTRAFE DURCH ENTHAUPTUNG**«: Urteil des Königlichen Gerichtshofes vom 23.12.1844.

Im Namen des Königs

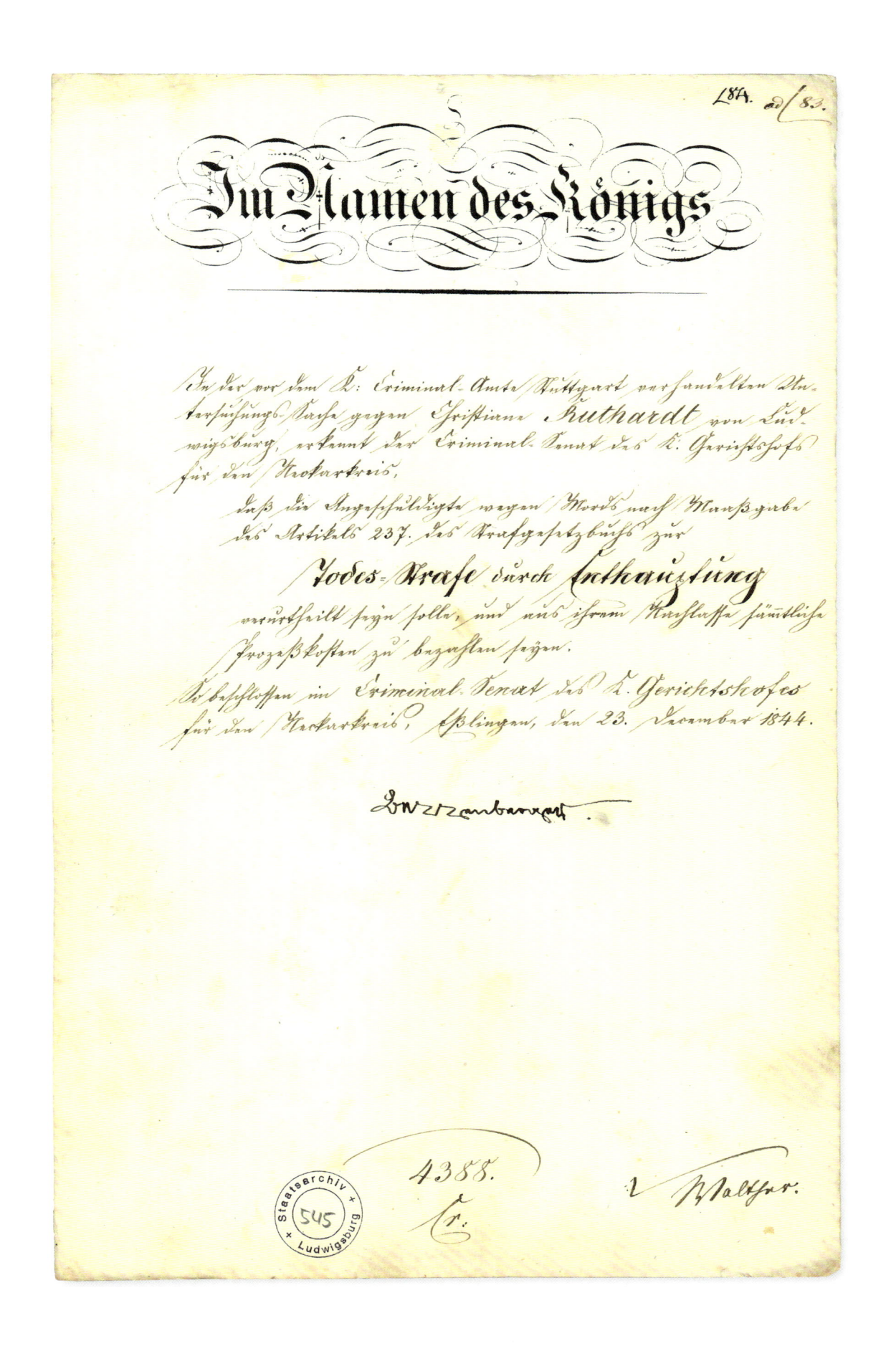

In der vor dem K. Criminal-Amte Stuttgart verhandelten Untersuchungs-Sache gegen Christiane Ruthardt von Ludwigsburg, erkennt der Criminal-Senat des K. Gerichtshofs für den Neckarkreis,

daß die Angeschuldigte wegen Mords nach Maßgabe des Artikels 237. des Strafgesetzbuchs zur

Todes-Strafe durch Enthauptung

verurtheilt seyn solle, und aus ihrem Nachlasse sämtliche Prozeßkosten zu bezahlen seyen.

Beschlossen im Criminal-Senat des K. Gerichtshofes für den Neckarkreis, Eßlingen, den 23. December 1844.

Stuttgart auf dem Weg zur Großstadt

IN STUTTGART war das Jahrhundert der Industrialisierung angebrochen, verbunden mit einer unglaublichen Expansion jedweder Art. Der 1846 in Betrieb genommene Bahnhof in unmittelbarer Nähe des Schlossplatzes ermöglichte nun ein Verkehrsaufkommen in bisher nicht gekanntem Ausmaß. 1862 hatte Stuttgart bereits 62 000 Einwohner, 1871 mehr als 91 000. Die rasch wachsende Industrie hatte Landwirtschaft und Handwerk überflügelt. Die »Industrielle Revolution« mit ihren sozialen Folgeerscheinungen hatte massive Auswirkungen auf die Kriminalitätsentwicklung in Stuttgart und damit auf die Struktur, Organisation und Aufgabenzuweisung der Stuttgarter Polizei.

1872 sorgten bei über 91 000 Einwohnern in Stuttgart 89 sogenannte Offizianten, davon vier Unteroffiziere und 80 Polizeisoldaten, für die Sicherheit der Stadt. Das Stadtgebiet war nun in vier Distrikte eingeteilt, denen jeweils ein Polizeikommissär vorstand. Zur Bearbeitung der Kriminalsachen gab es einen Oberpolizeikommissär, der gleichzeitig als Vertreter des Polizeiamtes fungierte. Im gleichen Jahr wurden die Polizeisoldaten in »Schutzmänner« umbenannt. Bis zum Jahr 1880 erreichte die Schutzmannschaft eine Stärke von neun Unteroffizieren und 135 Mann. Als im Winter 1883/84 gleich zwei Mordfälle das Sicherheitsgefühl der Bürger erschütterten, erfolgte eine drastische Verstärkung der städtischen Polizei um 15 Fahnder und zwölf Schutzmänner, zumal auch die Einwohnerzahl auf über 120 000 angestiegen war. 1890 beschloss der Gemeinderat die Aufstellung einer berittenen Schutzmannschaft mit zunächst fünf Schutzmännern, und zusätzlich wurde ein 5. Polizeidistrikt eingeführt. Bis zum Kriegsbeginn 1914 rekrutierte sich der Nachwuchs der Schutzmannschaften aus dem Militär. Nach Lehre und Militärdienst traten die Schutzleute mit mindestens 24 Jahren in den Polizeidienst.

Dort kamen ihnen ihre im Militärdienst erworbene Übung im Umgang mit Waffen sowie auch die dort anerzogene Disziplin sehr zugute.

Oben: **UNIFORMROCK** und »Pickelhaube« eines Stuttgarter Schutzmannes, ca. 1912.
Rechts: **STUTTGARTER SCHUTZMANN** auf Streife um die Jahrhundertwende auf dem Marktplatz.

POLIZEI IM HERZOGTUM UND KÖNIGREICH WÜRTTEMBERG

Ein Stuttgarter Schutzmannleben

POLIZEIINSPEKTOR REYHER
in seiner Polizeiwache am Ostendplatz.

DER »STÖCKACH-BARON« Jakob Reyher war ein geachteter und respektierter »Herr Wachtmeister« im Stuttgarter Osten der Jahrhundertwende.

Jakob Reyher wurde 1855 in Bezgenrieth, Oberamt Göppingen, geboren. 1875 trat der gelernte Zimmermann in das Infanterie-Regiment von König Wilhelm ein und avancierte 1876 zum Gefreiten. Ein Jahr später wurde er Unteroffizier und 1879 zum Sergeant befördert.

Seine Polizeilaufbahn begann im Jahr 1882. Mit Schreiben vom 20. Juli 1881 bewarb sich Reyher bei dem Wohllöblichen Stadtpolizeiamt in Stuttgart:

»Der Unterzeichnete erlaubt sich mit Bezugnahme auf seine beiliegenden Zeugnisse um Aufnahme zur Schutzmannschaft gehorsamst zu bitten.«

Und nach einer ärztlichen Untersuchung durch den Stabsarzt Dr. Lammerle stand der Einstellung auch nichts mehr im Wege:

»Der zeitige Körperzustand und die allgemeine Rüstigkeit lassen den p. Reyher für die in Frage kommende Stelle völlig befähigt erscheinen.«

Nachdem Reyher in Ostheim als Schutzmann seine Polizeilaufbahn begonnen hatte, verstarb 1885 seine Frau. Seine sechsjährige Tochter musste er gegen 15 Mark monatliches Kostgeld bei fremden Leuten unterbringen. Im September 1885 stellte er beim Gemeinderat den Antrag, die Emma Gailfuß aus Rastatt ehelichen zu dürfen:

»Indem nun weder ich noch die Braut selbstständiges Vermögen besitzen, erbitte ich meine Verehelichung ohne die vorgeschriebene Kaution gewähren zu wollen.«

Als Begründung führte er weiter aus:

»Ich glaube nun laut beigefügtem Zeugnis meiner Braut meine Lage und die Erziehung meines Kindes durch Verheiratung verbessern zu können.«

1887 bewirbt Reyher sich auf eine Polizeiunteroffiziersstelle in Gablenberg, die er 1888 antritt. Zusätzlich zu seiner Schutzmanntätigkeit werden ihm die Bier- und Fleischsteuer-Erhebung sowie die Fleischschau in Gablenberg übertragen. Im Oktober 1897 wurde Reyher zum Polizeiunteroffizier befördert, er war nun der Leiter des Schutzmannsbezirkes Ostheim, zu dessen Aufgabengebiet auch die Steuererhebung und die Kontrolle der Fleischwarenausfuhr gehörten. Da die Familie Reyher nun die Wohnung bei der Polizeistation beziehen musste, wurde auch die Ehefrau in den Dienstalltag mit einbezogen. Bei Abwesenheit ihres Mannes musste Emma Reyher deshalb Telefondienst leisten oder z.B. die Meldezettel entgegennehmen. Auch die Reinigung der Polizeistation und die Verpflegung der Gefangenen oblagen der Frau des Polizeiunteroffiziers.

Der nächste Karriereschritt gelang Reyher 1901 mit seiner Bewerbung auf die neu geschaffene Stelle eines Polizeiwachtmeisters in Gaisburg, sieben Jahre später wechselte er wieder nach Gablenberg. Seit 1914 Polizeioberwachtmeister, wird ihm am 6. Oktober 1916 »durch Allerhöchsten Entschluss« das Wilhelmskreuz verliehen, und am 28. Oktober 1918 beglaubigte der Ordens-Kanzler Weizsäcker die Urkunde zur Verleihung der Verdienstmedaille des Friedrichsordens. Im Mai 1919 erfolgt die Beförderung zum Polizeiinspektor. Zweifellos war Reyher eine angesehene Persönlichkeit in Gaisburg und Gablenberg. Seine imposante Erscheinung brachte ihm in der Bevölkerung den Spitznamen »Stöckach-Baron« ein. Am 9. Februar 1922 bittet der beliebte Polizeiinspektor schließlich um seine Pensionierung:

> *»Alters- und krankheitshalber kann ich für die Zukunft dem Dienst als Distriktsführer nicht mehr vollständig vorstehen. Ich bitte deshalb mich auf 1. April des Jahres in den Ruhestand mit gesetzlicher Pension versetzen zu wollen.«*

Ein schwerer Treppensturz, von dem er sich nicht mehr erholte, setzte dem Leben des »Stöckach-Barons« am 6. Oktober 1938 ein Ende.

Zitatquellen: Staatsarchiv Ludwigsburg F 801 Bü 762.

LEGITIMATIONSMEDAILLE
von 1886, Vorgänger der Kriminalmarke.
(Rückseite unten)

Die Kriminalpolizei entsteht

1876 TAUCHT IM VERWALTUNGSBERICHT der Stadt Stuttgart unter Ziffer 2 XII. »Stadtpolizeiamt« erstmals in der Geschichte der Stuttgarter Polizei der Begriff »Kriminalpolizei« auf. Bereits 1881 bearbeitete die Kriminalabteilung über 4 000 Anzeigen und Vorkommnisse und war zu einer festen Institution innerhalb des Stadtpolizeiamtes geworden. Auf dem von den Militärbehörden benutzten Schießplatz »Dornhalde« wurden 1884 die Stuttgarter Polizisten mit der Handhabung ihrer Schusswaffe vertraut gemacht.

Dem Sog der gesellschaftlichen, politischen und technischen Entwicklungen im zu Ende gehenden Jahrhundert folgte eine immer weiter ausufernde Kriminalität. Eine »wirksame Bekämpfung des gewerbs- und gewohnheitsmäßigen, des reisenden, des interlokalen, des internationalen Verbrechertums«

<small>Rudolf Klaiber: undatierter Aufsatz zur Organisation des Polizeipräsidiums Stuttgart.</small>

erforderte eine organisatorische und personelle Neuausrichtung insbesondere der Kriminalpolizei.

DER ERSTE KRIMINALKURS für Kriminalunterbeamte, Fahndungswachtmeister und Landjäger aus dem Königreich Württemberg fand am 3. März 1913 an der Stuttgarter Polizeischule in der Seidenstraße statt.

POLIZEI IM HERZOGTUM UND KÖNIGREICH WÜRTTEMBERG

POLIZEI IM HERZOGTUM UND KÖNIGREICH WÜRTTEMBERG 33

Henriette Arendt – Deutschlands erste Polizistin

HENRIETTE ARENDT »im Dienst« mit einem jungen Mädchen.

DIE DESOLATEN SOZIALEN VERHÄLTNISSE im Stuttgart des beginnenden 20. Jahrhunderts trieben viele ledige Mädchen und Frauen in bittere Armut. Prostitution, Kindsmord und Kindsverkauf, ein überfülltes Waisenhaus sowie völlig überforderte Kinderrettungsvereine waren die schlimmen Folgen dieses weiblichen Elends. Auf den Straßen vagabundierten »gefallene Frauen«, die jederzeit von der Schutzmannschaft ohne konkreten Vorwurf festgenommen und auf Geschlechtskrankheiten untersucht werden konnten und sogar teilweise, wie Henriette Arendt es später beschrieb, »Freiwild« oder »Sklavinnen« der Ordnungshüter waren. Um diese unerträgliche Situation zu verändern, wurde die Berliner Krankenhelferin bei der Polizei eingestellt.

Es war ein vielversprechender Anfang, als die 29-jährige Henriette Arendt im Februar 1903 beim Stuttgarter Stadtpolizeiamt ihren Dienst antrat. »Schwester Henny«, wie die erste »Polizeiassistentin« im Deutschen Reich wegen ihrer Schwesterntracht genannt wurde, hatte die Aufgabe, dem Polizeiarzt bei der morgendlichen Untersuchung der eingelieferten Frauen zu assistieren. Überdies war es laut Dienstvertrag ihre Pflicht, »[...] für verwahrloste und der Verwahrlosung entgegenstehende Frauenspersonen Schritte einzuleiten, welche sie zur Umkehr, Heimkehr in das Elternhaus oder zur Wiederaufnahme geordneten Erwerbs zu führen geeignet sind.«

Die engagierte Polizistin schaffte es, bei ihren am unteren Rand der Gesellschaft lebenden Schützlingen Vertrauen aufzubauen, für sie Geld einzusammeln und auf vielen Vorträgen in drastischen Worten die verzweifelte soziale Situation der Frauen und Mädchen eindringlich darzustellen. Dabei scheute sie sich auch nicht, ihrer eigenen Behörde Versäumnisse vorzuwerfen.

Es war nur eine Frage der Zeit, bis Arendt mit ihrem kompromisslosen Vorgehen alle gegen sich hatte, so zum Beispiel die Gemeindegremien, deren verkrustete Strukturen sie anprangerte. Aber auch die Wohlfahrtsvereine und die Stuttgarter Honoratiorenfrauen beklagten sich über »diese eigenartige Liebestätigkeit der städtischen Beamtin«. 1907 – nach einem kritischen Vortrag in der Stuttgarter Öffentlichkeit – ließ auch ihr bislang immer wohlwollender Chef, Polizeivorstand Wurster, sie fallen. Disziplinarermittlungen folgten, ihre Personalakte schwoll auf über 200 Seiten an, schließlich hängte man der unliebsam gewordenen Kollegin noch eine drei Jahre alte Affäre mit einem Regierungsassessor an. Zermürbt gab Arendt schließlich auf und kündigte 1908 ihre Stellung. Ihrer »Ehre beraubt und wie ein Gebrandmarkter aus dem Amt gestoßen« schrieb sie 1910 ihr gnadenloses Verteidigungs- und Anklagebuch »Erlebnisse einer Polizeiassistentin«. Der so entfachte Stuttgarter Polizeiskandal hallte durch das ganze Deutsche Reich, und das Stadtpolizeiamt stand am Pranger. Auf einer Pressekonferenz der Stadt musste der Polizeichef Rede und Antwort stehen.

Henriette Arendt ist als eine eindrucksvolle Pionierin der Emanzipation im Polizeiberuf in die Geschichte eingegangen. Dass sie es in Stuttgart so schwer hatte, mag an ihrer Stellung als erste Frau in einer bislang nur männlich besetzten Domäne, aber auch an ihrem forschen Vorgehen liegen. Auch mit der schwäbischen Mentalität hat die Preußin sich offenbar schwer getan. In ihrem Buch zieht sie Bilanz:

»Wenn ich meine vielen Fehler und Schwächen auch klar erkenne und auch mit dem von mir so geliebten Amt vielleicht mit zu großer Leidenschaft, mit zu ungestümem Eifer vorgegangen bin und dem schwäbischen Volkscharakter zu wenig Rechnung getragen habe, ich darf doch das unerschütterliche Bewußtsein haben, dass ich vielen Menschen geholfen habe …«

Zitatquellen: MAIER, HEIKE: Taktlos, unweiblich und preußisch. S. 29, 67, 132, 148.

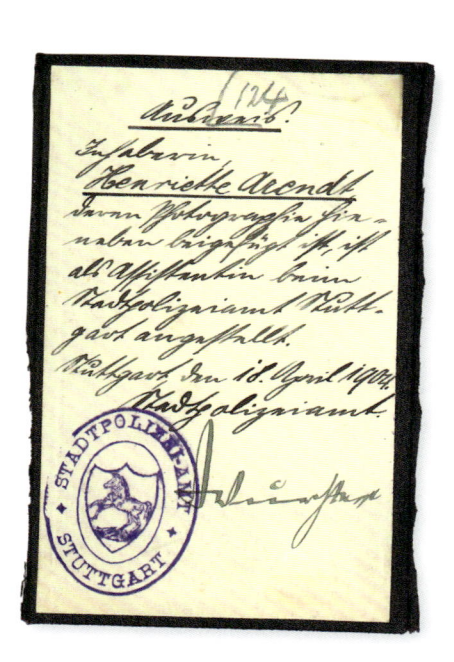

DIENSTAUSWEIS der Polizeiassistentin Henriette Arendt. Im Originalzustand mit Lichtbild der Ausweisinhaberin.

SCHIEBLEHRE UND ZIRKEL
zur Vermessung bestimmter Körperteile des Delinquenten.

SIGNALEMENT, PORTRAIT PARLÉ, BERTILLON, DAKTYLOSKOPIE

Bis gegen Ende des 19. Jahrhunderts war das Handwerkszeug der Polizei zur Fahndung sowie zur Identifizierung und Verhaftung von Straftätern, Tatverdächtigen, Wiederholungstätern und gesuchten Personen das Signalement. In jedem Steckbrief wurde auf allgemeine und besondere Merkmale bei der Personenbeschreibung hingewiesen. Die Telegraphie und das »Telephone« wurden bei der Stuttgarter Polizei 1880/86 eingeführt.

Ende des 19. Jahrhunderts führte der französische Kriminalwissenschaftler Bertillon ein wissenschaftlich fundiertes Verfahren zur Personenidentifizierung ein. Das System beruhte auf elf akribischen Messungen verschiedenster Körperteile und wurde ergänzt durch das Portrait parlé, eine aufwändige Beschreibung bestimmter Körperteile des Delinquenten in verbindlichen Worten. Hinzu kam von jedem Erfassten ein dreiteiliges Lichtbild für das »Verbrecheralbum«.

1898 wurde in Stuttgart und fast allen Städten des Deutschen Reichs dieses Verfahren, die sogenannte Bertillonage, eingeführt. Bereits vor dem Ersten Weltkrieg setzte sich jedoch auch in Stuttgart das Fingerabdruckverfahren durch und löste 1914 die umständliche Bertillonage ab.

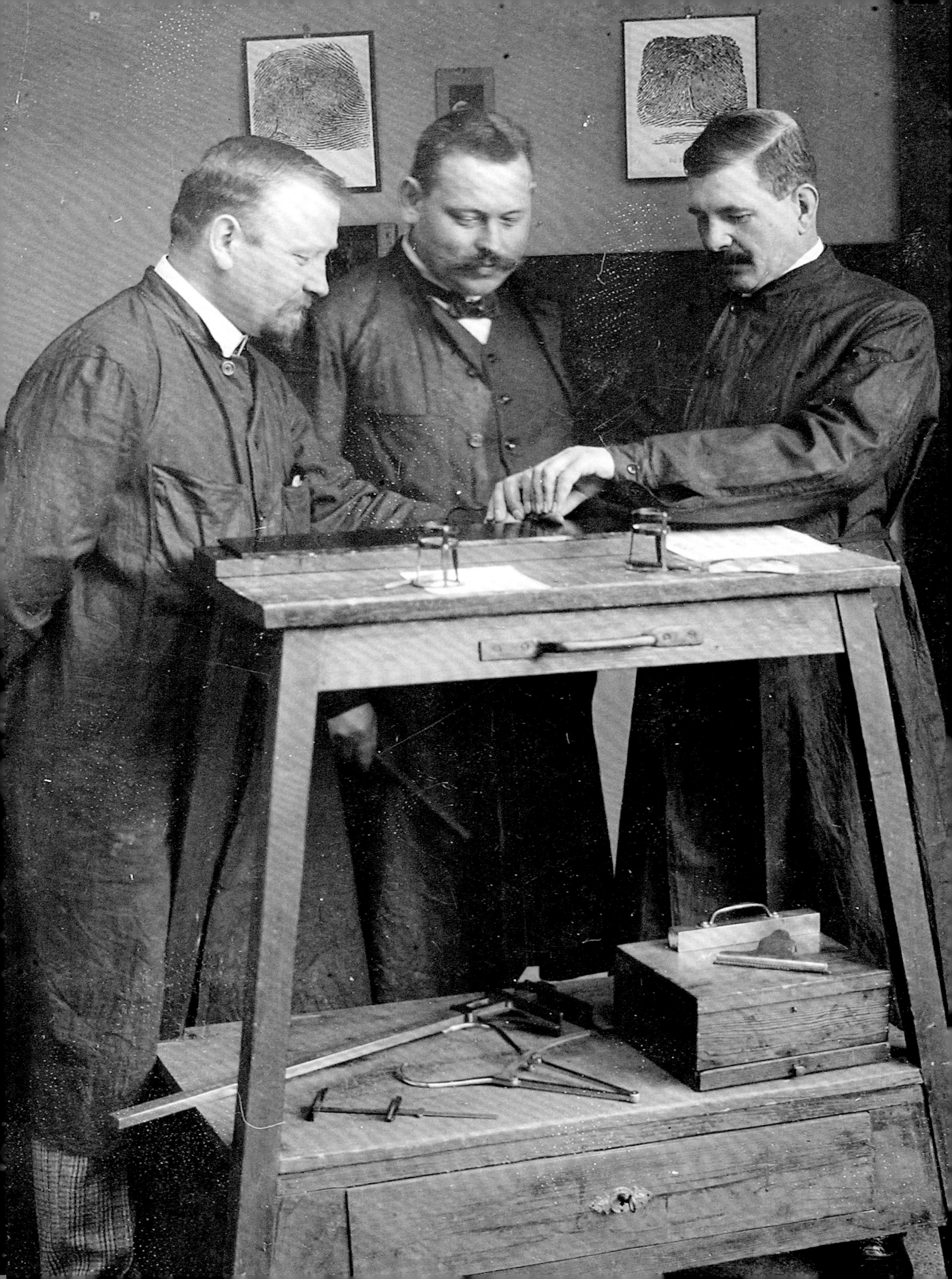

In den Umbrüchen der Industrialisierung

LANDESVERRÄTERISCHE AKTIVITÄTEN veranlassten das Innenministerium 1907, zur Spionageabwehr bei der Stadtdirektion eine »Zentralpolizeistelle« einzurichten und die Stuttgarter Polizei zu verstaatlichen. Bereits 1908 wurde in Stuttgart für die immer wichtiger werdende polizeiliche Ausbildung ein Kriminalmuseum eingerichtet. Es war insbesondere dazu bestimmt, »die bei der Handhabung der Strafrechtspflege gewonnenen Erfahrungen, sowie die Fortschritte der Technik für die Unterweisung der mit der Aufdeckung strafbarer Handlungen und mit der Verfolgung und Überführung der Schuldigen befaßten Beamten nutzbar zu machen«.

Zitiert in: TEUFEL, MANFRED: *Die südwestdeutsche Polizei im Obrigkeits- und Volksstaat*. S. 91.

Um die Verstaatlichung der Stuttgarter Polizei zu verhindern, fasste der Gemeinderat den Beschluss, eine Reorganisation und Modernisierung des gesamten Stuttgarter Polizeiwesens vorzunehmen. Die 1911 abgeschlossene Organisationsreform fasste das Stadtpolizeiamt in fünf Abteilungen. Der Chef, ein Beamter mit akademischer Vorbildung, übte die Dienstaufsicht über die nunmehr auf über 700 Personen angewachsene Behörde aus. Die Abteilung (I) war zuständig für das Einwohnermeldewesen, das Vereins- und Versammlungswesen sowie den Strafvollzug. Die Kriminalabteilung (II) hatte Verbrechen und Vergehen aufzuklären. Herausragende Kriminalbeamte, die zwischen 1907 und 1910 in die Stuttgarter Kriminalpolizei eingetreten waren, haben mit dem Aufbau eines Erkennungsdienstes wegweisende kriminalistische Pionierarbeit geleistet. Die Einrichtung eines fotografischen Ateliers ermöglichte den Aufbau eines »Verbrecheralbums« und einer Steckbriefregistratur. Anthropometrische Messungen und daktyloskopische Untersuchungen erleichterten die Identifizierung von Verbrechern und unbekannten Toten.

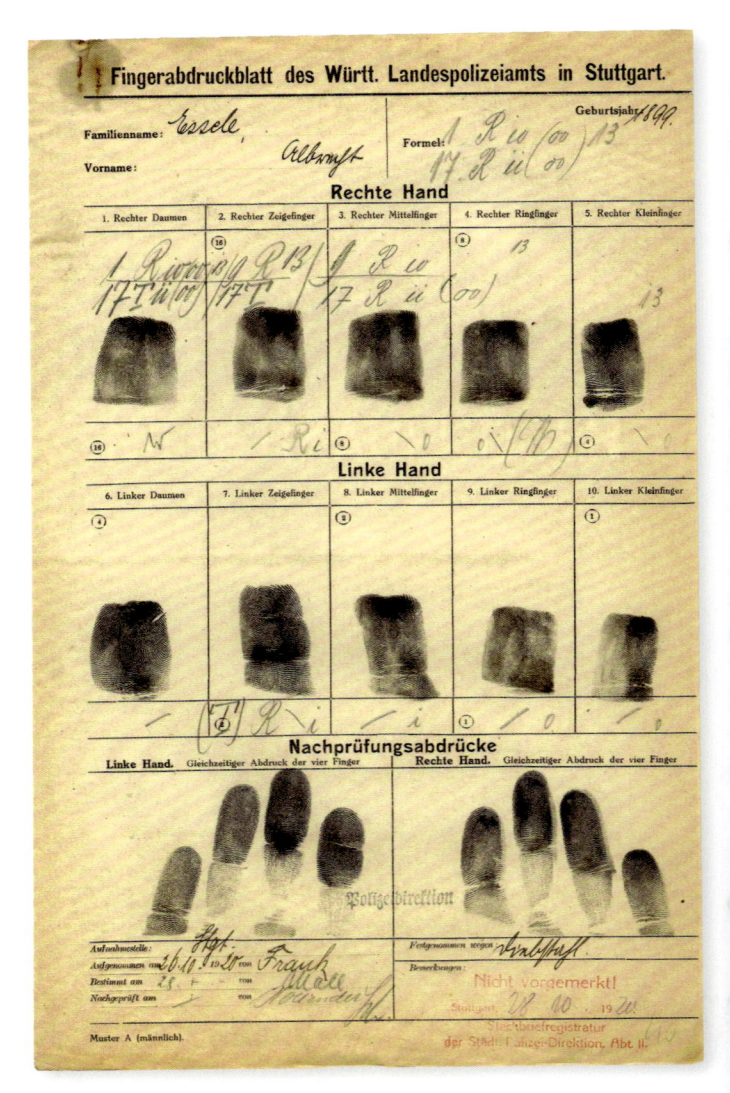

DIE »PHOTOGRAFISCHE ANSTALT« für Tatortaufnahmen, Fahndungsfotos und Aufnahmen für das »Verbrecheralbum« wurde 1908 bei der Stuttgarter Kriminalpolizei eingeführt. Bereits 1913 lagen 18 902 Fingerabdruckbogen von erkennungsdienstlich behandelten Personen ein. Von jeder Person wurde und wird bis heute ein dreiteiliges Lichtbild gefertigt.

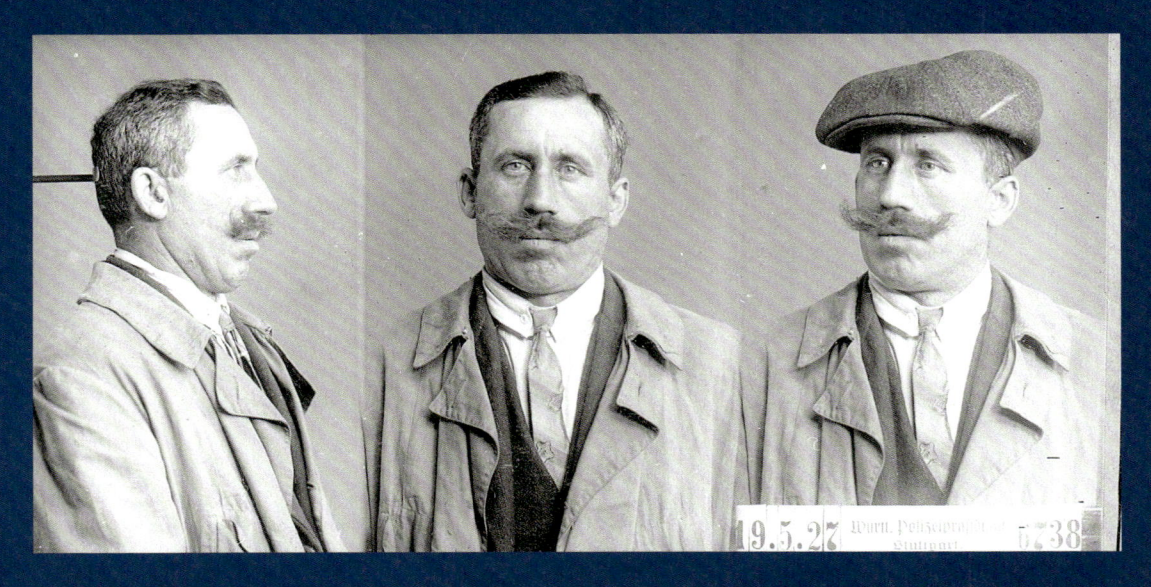

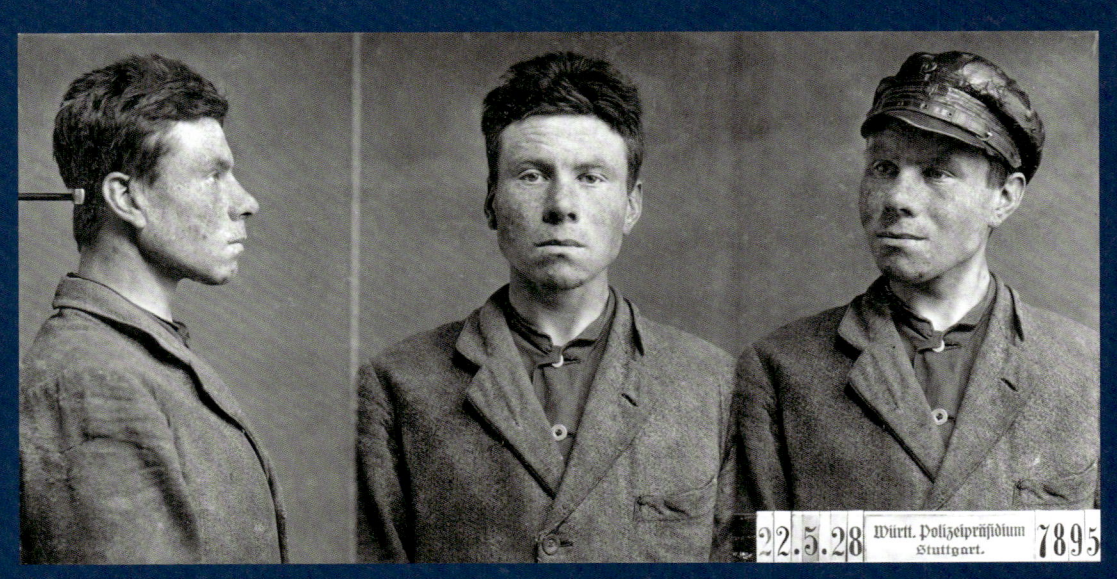

POLIZEI IM HERZOGTUM UND KÖNIGREICH WÜRTTEMBERG

DIE REITERSTAFFEL
der Stuttgarter Schutzmannschaft, hoch zu Ross seit 1889.

Die Sicherheits- und Sittenpolizei (III) war für Ruhestörungen, Bettelei und Landstreicherei zuständig und kümmerte sich um das Prostituiertenwesen. Die Verkehrs-, Bau- und Feuerpolizei (IV) hatte insbesondere Anordnungen zur Regelung des aufkommenden Kraftfahrzeugverkehrs zu treffen und Verstöße gegen die Bauordnung zu verfolgen. Die Gesundheits- und Gewerbepolizei (V) überwachte den Verkehr mit Nahrungs- und Genussmitteln und war für die Bekämpfung übertragbarer Krankheiten zuständig. Das Kommando der Schutzpolizei regelte den Außendienst in den Polizeidistrikten. 449 Schutzleute, davon 27 berittene und 39 Chargierte (Vorgesetzte) überwachten die Stadt. Als im November 1912 auf der Neckarstraße ein Schutzmann erschossen worden war, wurden die Stuttgarter Schutzmänner mit Revolvern und leichten Säbeln ausgerüstet.

Das rapide anwachsende Verkehrsgeschehen führte bereits 1913 zu einer weiteren organisatorischen Konsequenz: Im deutschen Kaiserreich, dem Mutterland der motorisierten Fortbewegung, gab es ab 1906 einheitliche Verkehrsregeln. In Stuttgart verließ man sich zunächst ausschließlich auf die »polizeiliche Handarbeit« zur Verkehrsregelung. 1913 wurde als Antwort auf die stetig wachsende Bevölkerung (297 620 Einwohner), verbunden mit stark zunehmendem Fußgängeraufkommen, Fuhrwerks- und Droschkenverkehr sowie dem unaufhaltsamen Siegeszug des Kraftfahrzeugs, eine Verkehrstruppe »zur Überwachung und Regelung des gesamten Fahr- und Fußgängerverkehrs« aus einem Wachtmeister und fünf Schutzleuten gebildet. Erleichterung für die Verkehrspolizisten brachte der erste Verkehrsturm, der 1928 zur Verkehrsregelung auf dem Bahnhofsvorplatz aufgestellt wurde.

Im selben Jahr wurde die Stuttgarter Hundestaffel als »Dienststelle Wald und Feld« ins Leben gerufen. Um den immer größer werdenden Anforderungen der Polizeiarbeit gewachsen zu sein, wurde 1913 in Stuttgart die »Städtische Polizeischule« eingerichtet.

ERSTMALS 1884 wird die Stuttgarter Kriminalpolizei mit Faustfeuerwaffen ausgerüstet. Zum Stückpreis von 33 Reichsmark wurden 19 Revolver beschafft. Bei einem Übungsschießen auf dem Schießstand Dornhalde in Stuttgart wurden die Beamten mit dem Revolver vertraut gemacht.

REVOLVER MAUSER
HERSTELLER: Mauser, Oberndorf
TYP: Zick-Zack
KALIBER: 7 mm

1912 wurde der Stuttgarter Schutzmann Michael Wahl in Ausübung seines Dienstes ermordet. Nun erfolgte auch die Bewaffnung der Stuttgarter Schutzpolizei mit Revolvern. 16 Goldmark kostete der Constabler Revolver. Die Waffen wurden bei den Polizeirevieren verwahrt, durften nur im Nachtdienst getragen werden und wurden bis 1920 eingesetzt.

REVOLVER BULDOG
HERSTELLER: Belgische Herkunft
TYP: Constabler
KALIBER: 7 mm

Polizeihundeführer
mit Diensthunden der Städt. Polizei-Direktion Stuttgart 1913.

Rechts:
UNFALLGESCHEHEN: Die zunehmende Motorisierung auf Stuttgarts Straßen führte zu teilweise schweren Zusammenstößen mit der Straßenbahn. Der »Kleine Stadttriebwagen« verkehrte als Linie 15 zwischen 1925 und 1928 auf der Strecke Pragsattel — Hauptbahnhof — Heslach, wo der Zusammenstoß erfolgte. Anschließend wurde der Wagen zur Hauptwerkstatt der SSB in die Ostendstraße gebracht, wo er vor der Einfahrt fotografiert wurde.

»WALD UND FELD« hieß die 1912 gegründete Dienststelle der Stuttgarter Polizei. Die Tiere wurden angekauft und auf dem Platz des »Vereins für Polizei- und Schutzhunde« auf dem Burgholzhofgelände ausgebildet. Schäferhund, Rottweiler, Dobermann, Airdale-Terrier, Boxer und Riesenschnauzer standen im »Polizeidienst«.

DER VERKEHRSREGELUNGSTURM am Beginn der Königstraße.

Unterrichtet wurden polizeitaktische Themen sowie Elemente des Erkennungsdienstes und der Spurenkunde. Auf Kosten der Gemeinden konnten auch Landjäger-Stationskommandanten zum Unterricht abgeordnet werden.

Die immer dringender werdende Forderung, die Kriminalpolizei zu zentralisieren, führte 1914 zur Errichtung der »Königlich Württembergischen Landespolizeizentralstelle«. Sie hatte die Aufgabe, als »Landesregistratur für Fingerabdrücke und Messkarten, als kriminalpolizeiliche Nachrichtensammel- und Auskunftsstelle und als kriminaltechnische Werkstätte« tätig zu sein.

Zitiert in: TEUFEL, MANFRED: *Die südwestdeutsche Polizei im Obrigkeits- und Volksstaat.* S. 94.

Der kriminalpolizeiliche Erkennungsdienst konnte nun für das ganze Land einheitlich organisiert werden. Während des Krieges wurde zum Zwecke der Spionageabwehr eine »Militärische Zentralpolizeistelle« eingerichtet und — um Verwechslungen auszuschließen — die »Landespolizeizentralstelle« in »Landespolizeiamt« umbenannt.

POLIZEI IM HERZOGTUM UND KÖNIGREICH WÜRTTEMBERG

DER ERSTE VERKEHRSUNFALL, an dem zwei Autos beteiligt sind, ereignet sich in Stuttgart 1912 am Charlottenplatz. Im selben Jahr werden auf Stuttgarts Straßen 39 Pferdedroschken, 81 Kraftdroschken und 2 026 Fahrräder gezählt. Hinzu kommen Fuhrwerke, Straßenbahnen und 734 Autos und Lastwagen. Im selben Jahr wird die Schutzmannschaft zu 529 Unfällen im Straßenverkehr gerufen. Noch sind Unfälle im Verkehr mit Straßenbahnen ganz vorne, wie der Polizeibericht von 1912 meldet:

182	Unfälle mit Straßenbahnen
106	Unfälle mit Kraftfahrzeugen
68	Unfälle mit Fahrrädern
135	Unfälle der mit Zugtieren (Pferden) beförderten Lastfuhrwerke
35	Unfälle der Wagen mit Personenbeförderung (ausg. Motorwagen)
3	Unfälle mit Handwagen
21	Unfälle verlaufen tödlich.
48	Personen werden verletzt. Außerdem werden
48	Pferde und
234	Wagen beschädigt.

DER PREIS DES FORTSCHRITTS: Der Siegeszug des Automobils läutete auch das Ende des Pferdefuhrwerks in Stuttgart ein (undatiert).

DIE ENTWICKLUNG DES TEMPOLIMITS

»Die Fahrgeschwindigkeit darf in keinem Falle innerhalb der Ortschaften bei freier Bahn 12 km in der Stunde überschreiten«, bestimmt 1904 eine Verfügung des Ministeriums des Innern in Württemberg.

Im Deutschen Reich gilt 1910 für Fahrzeuge bis 5,5 Tonnen innerorts ein Tempolimit von 15 km/h, das 1923 auf 30 km/h erhöht wird.

1934 wird die erste Straßenverkehrsordnung (StVO) wirksam. Alle Geschwindigkeitsbegrenzungen für Kraftfahrzeuge werden aufgehoben. Zu Kriegsbeginn 1939 erfolgt erneut eine Beschränkung auf 40 km/h, die bis 1953 Bestand hat. In der jungen Bundesrepublik gibt es vom 23. Januar 1953 bis zum 31. August 1957 gar keine Geschwindigkeitsbeschränkung für Personenwagen und Motorräder. Die Unfallzahlen (1956 starben bei 9 829 Unfällen allein in Stuttgart 137 Menschen) setzen der freien Fahrt ein Ende, und bis heute gilt in der Stadt 50 km/h als Höchstgeschwindigkeit.

Bis 1976 dauert es allerdings noch, bis auch außerhalb von geschlossenen Ortschaften – mit Ausnahme der Autobahnen – ein generelles Tempolimit von 100 km/h eingeführt wird.

MIT DER STOPPUHR GEGEN »RASER«

1904 werden in der heutigen Ludwigsburger Straße in Zuffenhausen Hinweistafeln mit der Aufschrift »Automobil halt! Langsam fahren!« angebracht. Allerdings ohne großen Erfolg. Die erste »Autofalle« wird 1908 in Zuffenhausen eingerichtet: Eine Kontrollstrecke in der Ludwigsburger Straße wird abgemessen. Mit eigens angeschafften Spezialuhren erfasst die Schutzmannschaft die Durchfahrzeit der »Autler« und errechnet die gefahrene Geschwindigkeit. Drei Viertel der Autofahrer fahren schneller als erlaubt; Ein Strafmandat wird aber erst nach Überschreiten von 25 km/h ausgestellt.

Die Künstlertragödie Sutter – Obrist

29. JUNI 1910 Wie ein Lauffeuer eilt um die Mittagsstunden die schreckliche Nachricht durch Stuttgart: Anna Sutter ist erschossen durch Aloys Obrist. Unser »Sutterle«, wie die gefeierte Sängerin von ihren Verehrern in Stuttgart liebevoll tituliert wird, war trotz stadtbekannter Affären, trotz zweier ledig geborener Kinder ein »Popstar« der Jahrhundertwende. Die charismatische Opernsoubrette nahm zwar mit beiden Händen, gab aber auch mit beiden. Immer wieder beschenkte sie die Armen der Pfarrei St. Nikolaus in Stuttgart. Bis der schwermütige und ihr hoffnungslos verfallene Hofkapellmeister Dr. Aloys Obrist zu ihrem Mörder wurde …

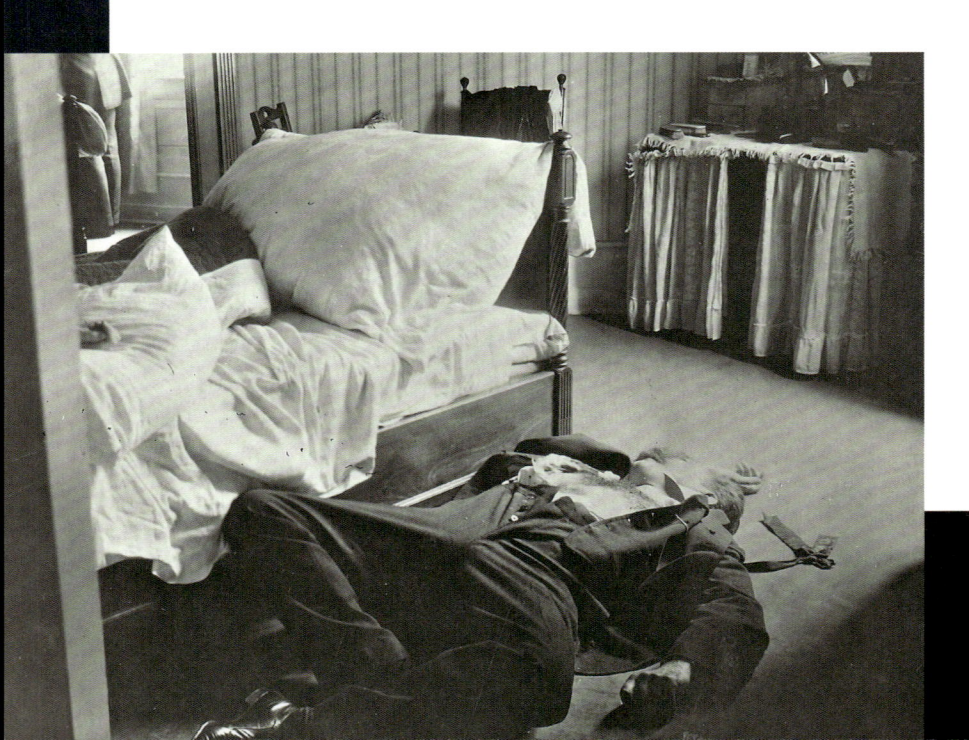

29. 06. 1910 Es ist ein trüber Tag, der Mittwoch, der die entsetzlichen Geschehnisse im Verlauf des Vormittags einläutet. Der 43-jährige ehemalige Stuttgarter Hofkapellmeister und Weimarer Hofrat Dr. Aloys Obrist verlässt gegen

09:00 UHR seine Wohnung in der Eugenstraße. In seiner Jackentasche hat er zwei geladene Browning-Pistolen der Marke FN, wegen ihres kurzen Laufes in Fachkreisen auch »Baby« oder »Damenpistole« genannt.
Sein Weg führt ihn vorbei am Interimstheater, wo er in der Saison 1907/08 bei seinem Stuttgarter Engagement ein intimes Verhältnis mit Anna Sutter hatte. Obwohl die Künstlerin inzwischen mit einem jungen Sänger liiert ist, bleibt Obrist weiterhin von einer manischen Leidenschaft für diese Frau besessen. Um

10:45 UHR klingelt er in der Schubartstraße 9 an der Wohnungstür der Sängerin. Das Dienstmädchen öffnet ahnungslos die Türe. Da Sutter am Abend zuvor eine Aufführung hatte und ihr bekannt ist, dass die Künstlerin sich nicht allein im Schlafzimmer aufhält, versucht sie, Obrist zurückzuweisen.
Der laute Wortwechsel wird im Schlafzimmer bemerkt, und Anna Sutter bittet ihren Liebhaber, sich zu verstecken, um Obrist nicht noch mehr zu reizen. Der Kapellmeister stürzt in das Schlafzimmer, setzt sich an die Bettkante und stellt die Frage:
»WILLST DU MICH ODER NICHT?«
Die Sängerin antwortet knapp mit einem heftigen
»NEIN!«
Obrist schießt zweimal auf sein Opfer. Ein Schuss in das Herz ist tödlich. Nun richtet er die Waffe gegen seine Brust und feuert das ganze Magazin leer.

Polizeiinspektor Heid nimmt die Ermittlungen auf. Die Kriminalpolizei fotografiert und sichert den Tatort.

Massenmörder, Lehrer, Dichter: Die Geschichte des Ernst August Wagner

4. SEPTEMBER 1913 Beginnend in den Morgenstunden bis kurz vor Mitternacht desselben Tages zieht sich die Blutspur des Hauptlehrers Ernst August Wagner von Stuttgart-Degerloch bis Mühlhausen an der Enz. Am Ende des Tages hat der Wahnsinnige 14 Menschen ermordet und zwölf weitere Personen schwer verletzt. Das Massaker ist der erste Amokfall in der württembergischen Kriminalgeschichte und erregt europaweites Aufsehen.

04. 09. 1913

05:00 UHR In seiner Degerlocher Wohnung schlägt der 38-jährige Lehrer Wagner mit einem Totschläger seiner schlafenden Frau auf den Kopf, tötet sie danach durch Dolchstiche in Hals und Brust. Er geht in das Schlafzimmer seiner Söhne Robert und Richard und tötet diese ebenso mit dem Dolch wie auch seine Tochter Elsa und deren Schwester Klara, die als Zehnjährige das älteste Kind der Familie ist.

08:01 UHR Bepackt mit einer Reisetasche, 500 Schuss Munition, zwei Mauser-Pistolen und einer weiteren Schusswaffe schiebt er sein Rad die Weinsteige hinunter und fährt mit dem Zug nach Ludwigsburg. In Eglosheim besucht er seine Schwägerin, plaudert mit ihr und lässt sich von seiner Nichte zum Bahnhof begleiten.

13:00 UHR Mit dem Ein-Uhr-Zug fährt er nach Bietigheim. Er verfasst noch einige Abschiedsbriefe an seinen Rektor und an das »Neue Tagblatt« in Stuttgart. Im »Gasthof zur Krone« isst er Hefekranz und bestellt ein Viertel Wein.

23:00 UHR Vor Mitternacht fährt er nach Mühlhausen an der Enz. Mit seinem Benzinfeuerzeug steckt er mehrere Scheunen in Brand. Mit einem schwarzen Schleier sein Gesicht verhüllend, in jeder Hand eine Mauser-Pistole, schießt er wie besessen um sich. Er tötet acht Männer und ein Mädchen und verletzt zwölf Personen schwer.

»VOM VULKAN, DER IN MIR BRÜTET UND KOCHT, HAT KEIN MENSCH EINE AHNUNG […] ICH WILL EUCH MEINEN HASS IN DEN KOPF GERBEN UND IN DEN BAUCH LÖCHERN, UND MEINES HASSES FLAMME SOLL EURE HÄUSER VERZEHREN UND MEIN HAUS UND MEINES VATERS HAUS UND DAS WARENHAUS DAZU.«

Zitiert in: Szuttor, Robin: *Ruf der Hölle*. In: StZ, 27.12.2012, S. 32.

05. 09. 1913

01:00 UHR Der amoklaufende Wagner wird schließlich von einem Polizeidiener und einem Dorfbewohner gestoppt, schwer verletzt und vor der tobenden Menge in das Armenhaus des Dorfes gebracht.

07. 09. 1913 Wagner kommt in Heilbronn in Untersuchungshaft. Bei seinen Vernehmungen gibt er an, dass er, nach vollendeter Tat in Mühlhausen, den Zug nach Ludwigsburg auf freier Strecke anhalten und nach Ludwigsburg lenken wollte, um anschließend in Eglosheim seinen Bruder mitsamt seiner Familie umzubringen und sich schlussendlich im Ludwigsburger Schloss im Bett der Herzogin selbst anzuzünden. Als Motiv gibt Wagner Scham und Gewissensbisse an. Weil er vor Jahren in Mühlhausen Unzucht mit Tieren getrieben habe und die Männer dort sich seither über seine Verfehlungen lustig gemacht hätten, habe er sich zur Rache und Selbsttötung entschlossen.

04. 02. 1914 Wagner wird wegen Verfolgungswahn in die Psychiatrische Heil- und Pflegeanstalt Winnenthal bei Winnenden eingewiesen, erhält eine Einzelzelle, verfasst Dramen, kann sie in der Anstalt drucken lassen und bekommt die Bezüge aus seiner Beamtenpension. In den 1920er-Jahren gibt es eine Initiative zur Freilassung Wagners. 1924 besucht ihn sogar der württembergische Innenminister Eugen Bolz. Doch Wagner bleibt in der »Irrenanstalt« und stirbt am

27. 04. 1938 an einer Lungenkrankheit.

WACHTMEISTER INGELFINGER regelt auf der Kreuzung Königstraße/Schlossstraße in den 1920er-Jahren den Verkehr.

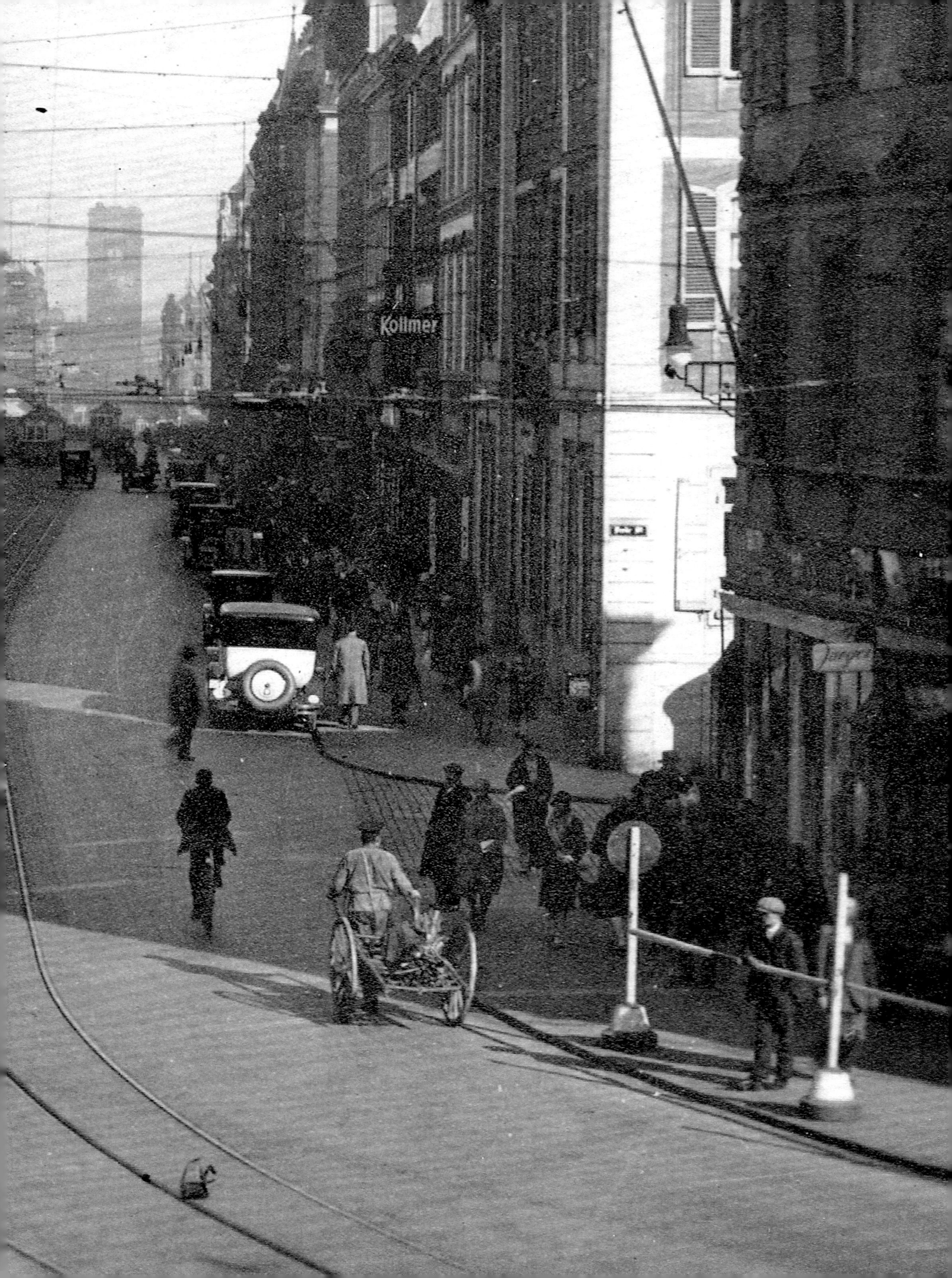
Kollmer

TSCHAKO der Württembergischen Schutzpolizei ab 1924.

IM STRUDEL
DER WEIMARER REPUBLIK

WÄHREND DES ERSTEN WELTKRIEGES wurde die Stuttgarter Schutzmannschaft stark dezimiert. Die Unzufriedenheit der Bevölkerung und die katastrophale wirtschaftliche Situation in Verbindung mit den politischen Wirren überforderten die Stuttgarter Beamten. Demonstrationen und Plünderungen, Angriffe auf Zeitungsdruckereien und Regierungsgebäude sowie auch Schießereien mit den Sicherheitskräften gehörten zum Alltagsbild. Um die Sicherheit einigermaßen zu gewährleisten, beschloss die Landesversammlung der Soldatenräte im Dezember 1918 die Aufstellung sogenannter Sicherheitskompanien unter Leitung des 35-jährigen Leutnants der Landwehr Paul Hahn. Die gewalttätigen Auseinandersetzungen, angezettelt von Spartakusanhängern im Januar 1919 in Stuttgart, wurden mit Waffengewalt niedergeschlagen. Nach Unterzeichnung des Friedensvertrags in Versailles mussten die Sicherheitstruppen wieder aufgelöst werden. Um in dieser politischen Situation, einhergehend mit einer sturmflutartigen Zunahme der Verbrechen, die öffentliche Sicherheit wieder zu verbessern, wurde eine Polizeiwehr – eine kasernierte Polizei – unter Leitung des »Polizeiwehrdirektors« Hahn eingeführt mit der Aufgabe, »die örtlichen Polizeien zu unterstützen, innere Unruhen zu unterdrücken, die Regierung zu schützen und wertvolles Staats- und Privateigentum zu schützen«.

PAUL HAHN: *Erinnerungen aus der Revolution in Württemberg*, S. 108.

1920 verlangten die Alliierten erneut die Auflösung. Die Mehrzahl der Polizeiangehörigen konnte in die neu gebildete »Ordnungspolizei«, die Vorläuferin der Schutzpolizei, übernommen werden. In Stuttgart waren 700 Beamte in zwei Unterkunftsbereichen stationiert.

STAATLICHE SICHERHEITSPOLIZEI (links), mit Oberpolizeidirektor Paul Hahn in Zivil (7. v. l.), rechts **STÄDTISCHE SCHUTZMANNSCHAFT** mit Polizeidirektor Aichele in Zivil (8. v. l.), 1920.

Unten:
MOTORRÄDER MIT SEITENWAGEN
waren die Streifenfahrzeuge der Stuttgarter Verkehrspolizei in den 1920er- und 1930er-Jahren.

Die große Polizeireform: Stuttgart wird Polizeipräsidium

1923 ERLEBTE DIE STUTTGARTER POLIZEI ihre größte Reform. Schon immer war die ehemalige Residenzstadt und Landeshauptstadt kultureller, politischer und wirtschaftlicher Mittelpunkt des Landes gewesen. Dies hatte zwangsläufig auch Auswirkungen auf die Polizei. Mit der Zusammenlegung staatlicher und kommunaler Ämter und Aufgaben zum »Württembergischen Polizeipräsidium« wurde die besondere Stellung eindrucksvoll zementiert. Mit Inkrafttreten des Polizeiverwaltungsgesetzes wurde die neu geschaffene Organisation Rechtsnachfolger von insgesamt drei Behörden:
1. der (staatlichen) Stadtdirektion als Oberamt für Stuttgart-Stadt und damit Aufsichtsbehörde über die städtische Polizei,
2. dem staatlichen Landespolizeiamt als Trägerin der Landeskriminalpolizei und der politischen Polizei,
3. der städtischen Polizeidirektion als der Stuttgarter Ortspolizei.

Die Leitung dieser Mammutbehörde wurde dem seitherigen Leiter des Landespolizeiamtes Rudolf Klaiber übertragen, der in den Folgejahren das Polizeipräsidium zu einem herausragenden Instrument der Verbrechensbekämpfung ausbaute. Die Kriminalabteilung vereinigte alle kriminalpolizeilichen Aufgaben und Einrichtungen des Landeskriminalpolizeiamtes, der Kriminalbezirksstelle Stuttgart und der örtlichen Kriminalpolizei. Die bereits beim Landespolizeiamt eingerichtete »Mordgruppe« wurde um eine »Brandgruppe« erweitert. Der damalige Leiter der Mordkommission, Kriminalrat Gotthilf Waizenegger, erwarb sich in den 1920er- und 1930er-Jahren einen herausragenden Ruf als Kriminalist. Praktisch kein Kapitalverbrechen in dieser Epoche blieb unaufgeklärt. Der Stuttgarter Mordkommission standen für ihre landesweite Zuständigkeit zwei Einsatzfahrzeuge und ein »Mord-Wagen« mit allen gängigen kriminaltechnischen Gerätschaften zur Verfügung. Ergänzt wurde diese Entwicklung durch die »Internationale Kriminalpolizeiliche Kommission« mit Sitz in Wien, in der Polizeipräsident Klaiber die württembergischen Interessen vertrat.

DIE »MORDWAGEN« der Stuttgarter Mordkommission in den 1920-er Jahren: ein Cabrio zum Transport der Beamten und ein Fahrzeug mit dem kriminaltechnischen Gerät zur Spurensicherung.

IM STRUDEL DER WEIMARER REPUBLIK

DIE »SCHLACHT VON HESLACH« am 21. Mai 1931: Bei einem Propagandamarsch der Nationalsozialisten lieferten SA und SS sich schwere Kämpfe mit Kommunisten und Sozialdemokraten.

Die Schlussphase der Weimarer Republik

DAS POLITISCHE LEBEN in der Endphase der Weimarer Republik fordert die mittlerweile im Dauereinsatz arbeitende Stuttgarter Polizei mehr und mehr. Blutige Saal- und Straßenschlachten zwischen Nationalsozialisten und Kommunisten in den Jahren 1930 bis 1933 haben eine Reihe von Todesopfern und Schwerverletzen unter den radikalen Parteigängern zur Folge. Die Stuttgarter Polizei, dem Dienst an der Republik verpflichtet, ist massiven Anfeindungen im Landtag in Form von »Großen Anfragen« ausgesetzt.

Staatspräsident und Innenminister Bolz sowie der Stuttgarter Polizeipräsident Klaiber verteidigen die Polizei und deren Vorgehen bei gewalttätigen politischen Auseinandersetzungen und stellen die Zuverlässigkeit ihrer Polizeibeamten heraus. Zermürbt von den Dauereinsätzen unter Lebensgefahr, den neuen Erscheinungsformen der Kriminalität und den Anfeindungen durch Kommunisten, Sozialdemokraten und Nationalsozialisten sehnen sich viele nach einer starken politischen Hand, die im Deutschen Reich für Ruhe und Ordnung sorgen soll.

DER »SCHWÄBISCHE MERKUR« berichtet in seiner Ausgabe vom 18. 2. 1932 zu den intensiven Auseinandersetzungen im württembergischen Landtag: Es geht um die Rolle der politischen Polizei.

DIE AM 1. OKTOBER 1919 aufgestellte »Polizeiwehr« war eine straff organisierte kasernierte Truppenpolizei und mit Panzerkraftwagen, leichten Minenwerfern, leichten und schweren Maschinengewehren, Karabinern, Pistolen und Seitengewehren ausgerüstet. Sie hatte die Aufgabe, die örtliche Polizei bei inneren Unruhen zu unterstützen, wertvolles Staatseigentum zu sichern und die vom Volk eingesetzten Regierungen zu schützen.

54 IM STRUDEL DER WEIMARER REPUBLIK

DEMONSTRATION DER »EISERNEN FRONT« im Jahr 1932. Überlebensgroß die Kopf-Karikaturen von Franz von Papen und Adolf Hitler.

RUDOLF KLAIBER (1873–1957) war zweifellos der herausragende Polizeifachmann in der Weimarer Republik. Bei der Verstaatlichung des Stuttgarter Polizeipräsidiums 1923 wurde Klaiber erster Polizeipräsident in Stuttgart und in Personalunion Leiter des Württembergischen Landeskriminalpolizeiamtes.

Die Leistungen dieses auch international renommierten Fachmannes prägten mit das Bild der erfolgreichen und überall anerkannten Stuttgarter Kriminalpolizei.

Klaibers Eintritt 1933 in die NSDAP erfolgte auf Druck des württembergischen Innenministers, da nur unter dieser Bedingung ein Verbleiben im Amt als Polizeipräsident möglich war. 1938 wurde der Spitzenbeamte pensioniert.

PARADE-TSCHAKO
eines Oberleutnants der Schutzpolizei im »Dritten Reich«.

DIE STUTTGARTER POLIZEI IM NATIONAL-SOZIALISTISCHEN STAAT

RÜCKSICHTSLOSE BEKÄMPFUNG jedes Andersdenkenden zur Verwirklichung politischer Ziele und zur Machterhaltung ist Bestandteil jeder Diktatur.

Zur Zeit der jungen Weimarer Republik steckte die Stuttgarter Polizei gerade in ihren demokratischen Kinderschuhen. Dass und wie sie von den Machthabern des »Dritten Reichs« skrupellos für deren Zwecke benutzt wurde, ist eines der dunkelsten Kapitel deutscher Polizeigeschichte. Als Instrument des Regimes waren die Stuttgarter Polizeibeamten am Naziterror beteiligt und luden damit – vom einfachen Mitläufer bis hin zum überzeugten, gewissenlos mordenden Nationalsozialisten – ein jeweils unterschiedliches Maß an Schuld auf sich.

Wie konnte eine Unterdrückungs- und Kriegsmaschinerie so in den polizeilichen Berufsalltag eindringen und vor allem als »Normalität« erscheinen? Pflichtgemäß und gespenstisch »normal« verteidigten die Polizeibeamten nämlich bis zum bitteren Ende »das Gesetz« – und waren plötzlich beim Gegenteil eines rechtsstaatlichen Gesetzes gelandet.

Ohne die vielen »kleinen Rädchen« funktioniert die Maschinerie der Repression in einem totalitären System nicht. Und dazu benötigt jede Diktatur auch den »kleinen« Polizeibeamten, der persönlich eigentlich keine politische Position einnimmt und dessen Handeln im Dienst nicht dem eigenen Antrieb entspringt. Geformt durch den damaligen Mechanismus des Gehorsams, durch bedingungslose Loyalität, durch Nationalismus oder auch einfach nur aus Angst wird der einfache Polizist dann zum wichtigen Teil des Ganzen.

Wie hoch ist das Maß an Individualschuld, das ihn damit trifft? Wie erging es denen, die – offen oder heimlich – Widerstand leisteten?

Das Ende des nationalsozialistischen Führerstaates wurde nicht durch eine Auflehnung des Volkes bewirkt, sondern durch die vernichtende Niederlage Deutschlands im Zweiten Weltkrieg.

Erst durch die Zerstörung des hitlerschen Mythos von der nationalsozialistischen Volksgemeinschaft und durch das Sichtbarmachen des geschehenen Unrechts konnte die heute als Selbstverständlichkeit angesehene Demokratie in Deutschland mit Hilfe der Polizei neu aufgebaut werden.

Machtübernahme und Gleichschaltung

DER ÜBERGANG VON DER REPUBLIK zum nationalsozialistischen Herrschaftssystem lief in Stuttgart in »gemäßigter« Form ab.

Die Einsetzung eines Reichskommissars für die Polizei, das neu geschaffene Kommando der Württembergischen Schutzpolizei sowie die Herauslösung der Politischen Polizei aus der Polizeiverwaltung und ihre Verselbstständigung unter der Führung radikaler Nationalsozialisten leiteten die Entwicklung einer völlig neuen Polizeiorganisation ein. Bereits im Dezember 1933 wird der Reichsführer-SS zum Politischen Polizeikommandeur der Württembergischen Politischen Polizei ernannt. Die Polizei erhält weitreichende Befugnisse, die zur Herrschaftssicherung eine dominierende Rolle spielen, so z. B. das Recht auf die eigenmächtige Verhängung von unbefristeter »Schutzhaft« ohne gerichtliche Nachprüfung.

Mehr als 2000 SA- und SS-Männer werden mit Pistolen und Karabinern bewaffnet und als »Hilfspolizei« der Schutzpolizei »an die Seite gestellt« – zur Verfolgung und Festnahme Oppositioneller.

MACHTÜBERNAHME IN STUTTGART: Die Reichswehr bei der Parade.

AM ABEND DES 8. MÄRZ 1933 trifft in Stuttgart beim Staatsministerium ein Telegramm vom Reichsinnenminister Dr. Frick mit folgendem Inhalt ein:

> *»Da nach Umgestaltung öffentlicher Verhältnisse in Deutschland Aufrechterhaltung öffentlicher Sicherheit und Ordnung in Württemberg unter jetziger Landesregierung nicht mehr gewährleistet, übernehme für Reichsregierung gemäß § 2 Verordnung zum Schutze von Volk und Staat Befugnisse oberster Landesbehörden, soweit zur Erhaltung öffentlicher Sicherheit und Ordnung notwendig, und übertrage Wahrnehmung dieser Befugnisse dem Reichstagsabgeordneten von Jagow in Eßlingen. Ersuche diesem sofort Geschäfte zu übergeben. [...] – Reichsinnenminister Frick«*

Noch am selben Tag erlässt SA-Führer von Jagow eine Verfügung an die Württembergische Polizei, sie habe seinen Anordnungen Folge zu leisten. Aus Anlass der Übernahme der Schutzpolizei im Hof der Akademie nimmt er einen Appell der Polizei ab. Seine erste Amtshandlung besteht darin, die zuvor vom Staatspräsidenten Bolz wegen Hissens einer Hakenkreuzfahne auf der Stuttgarter Polizeiunterkunft Moltkekaserne suspendierten Polizeioffiziere Eisenbach und Schneider wieder einzusetzen.

DIE ERSTE VERHAFTUNGSWELLE AM 10./11. MÄRZ 1933 mit der »Hilfspolizei« endet mit der »Inschutzhaftnahme« von 200 Kommunisten im »Schutzhaftlager« Heuberg auf der schwäbischen Alb unter Aufsicht des PP Stuttgart, dem Verbot der Landtagssitzung, dem erzwungenen Rücktritt des Staatspräsidenten Bolz, Verbot der SPD, Besetzung der SAZ und des Parteibüros der KPD sowie mit der Inthronisierung des Reichsstatthalters Murr.

Die Stelle eines Kommandeurs der Württembergischen Schutzpolizei im Innenministerium wird geschaffen, die zum 1. April mit dem fanatischen Nationalsozialisten Polizeioberstleutnant Schmidt (später Schmidt-Logan) besetzt wird. Er erhält die Funktion eines Inspekteurs mit Weisungsbefugnis über die gesamte uniformierte staatliche Polizei einschließlich der Landjäger in Württemberg und die Amtsbezeichnung »Polizeigeneral«.

Der Kommandeur der Stuttgarter Schutzpolizei Polizeioberst Gaißer, der bei der Stuttgarter Bevölkerung hohes Ansehen genoss, wird aufgrund seiner distanzierten Haltung gegenüber den neuen Machthabern zum 1. August in den Ruhestand versetzt.

ÜBERNAHME DER WÜRTT. POLIZEI IM MÄRZ 1933 durch Reichskommissar von Jagow, Polizeipräsident Klaiber (rechts), Polizeioberst Gaißer (links) und Polizeihauptmann Eberbach.

POLIZEIOBERSTLEUTNANT SCHMIDT-LOGAN, fanatischer Nationalsozialist, unter dessen maßgeblicher Beteiligung die Umorganisation der Württembergischen Schutzpolizei zum 1. April 1933 erfolgt ist. Er war federführend bei der Überführung der kasernierten Schutzpolizei in Württemberg 1936 in die Wehrmacht. Als Generalleutnant der Wehrmacht verübte er beim Einmarsch der Franzosen 1945 Selbstmord.

DIE STUTTGARTER POLIZEI IM NATIONALSOZIALISTISCHEN STAAT

POLIZEIOBERST GAISSER, 1880 geboren, wurde am 1. Oktober 1932 zum Kommandeur der Schutzpolizei Stuttgart ernannt. Auf Druck des Reichskommissars von Jagow wurde er aufgrund seiner distanzierten Haltung zu den neuen Machthabern mit Wirkung vom 1. August 1933 in den Ruhestand versetzt.

HERMANN MATTHEISS, Leiter der Politischen Polizei von April 1933 bis Mai 1934.

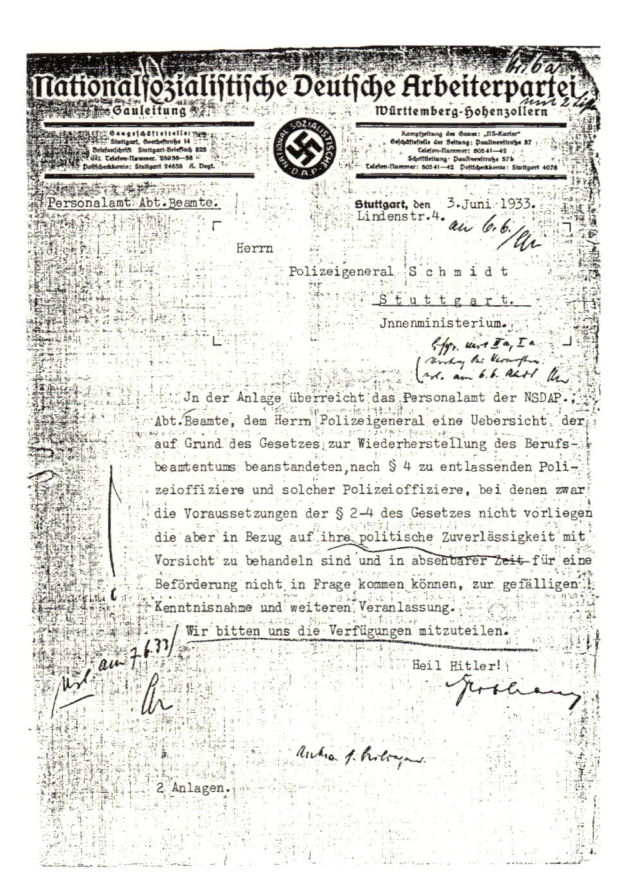

SCHREIBEN DES PERSONALAMTS, Abt. Beamte, an Polizeigeneral Schmidt im Innenministerium, vom 3. Juni 1933.

Mit dem »GESETZ ZUR WIEDERHERSTELLUNG DES BERUFSBEAMTENTUMS« vom 7. April 1933 werden alle Beamten entlassen, pensioniert oder auf unbedeutende Posten abgeschoben, die politisch nicht kompromisslos für den nationalen Staat eintreten oder keine arische Abstammung vorweisen können.

AM 28. APRIL 1933 wird die Politische Polizeiabteilung aus der Polizeiverwaltung des Polizeipräsidiums Stuttgart herausgelöst, SA-Standartenführer Mattheiß mit der Leitung beauftragt und dem Innenministerium als »Württembergische Politische Polizei« direkt unterstellt. Der fanatische »Alte Kämpfer« und SA-Führer Dr. jur. Hermann Mattheiß erhöht 1933 mit SS-Männern den Personalstand auf über 200 Mitarbeiter. Für Razzien, Beschlagnahmeaktionen und Festnahmen politischer Gegner untersteht ihm die sogenannte »Politische Bereitschaft«, gebildet aus SS-Männern und zu Hilfspolizisten verpflichtet. Der rücksichtslose Nationalsozialist wurde nach parteiinternen Machtkämpfen von Reichsstatthalter Murr im Mai 1934 entlassen und im Zusammenhang mit der Mordaktion gegen SA-Führer (Röhm-Putsch) am 1. Juli 1934 von der SS erschossen.

DR. EUGEN BOLZ wird unter Beschimpfungen und Bedrohungen vom Polizeipräsidium Stuttgart, dem berüchtigten »Hotel Silber«, im offenen Wagen zur Schutzhaft transportiert.

IN DEN VORMITTAGSSTUNDEN DES 19. JUNI wird der aus dem Amt gedrängte Staatspräsident Bolz von der Politischen Polizei in Stuttgart in das frühere »Hotel Silber«, Dorotheenstraße 10, vorgeladen und anschließend im Gefängnis Hohenasperg eingesperrt.

»Als Bolz gegen 13.00 Uhr unter dem Portal erschien, hinter ihm SA- und SS-Führer, überschaute er die Masse auf der Straße. Für einige Augenblicke betroffene Stille. Dann kamen die Rufe ›Nieder mit dem Landesverräter‹ wieder. Aber erst als Bolz das bereitgestellte Polizeiauto bestieg, brach die Furie los. Die Menge drängte mit wüstem Geschrei heran. Einzelne stiegen auf die Trittbretter, schrien und spuckten den im Wagen sitzenden Altstaatspräsidenten an und schlugen ihn mit Fäusten. Da die Lage bedrohlich wurde, zog einer der SA-Führer die Pistole und hob sie wie zum Schutz gegen die Angreifer. Man wich zurück. Der Wagen konnte anfahren.«

aus OTTO BORST, *Eugen Bolz glauben und führen*, Vortrag 23. 5. 1995 Rathaus Stuttgart.

AM 17. DEZEMBER 1933 kommen der Reichsführer-SS Himmler und SS-Brigadeführer Heydrich nach Stuttgart und übernehmen das Kommando über die »Württembergische Politische Polizei«. Bis zum Zusammenbruch im Mai 1945 ist die Gestapo das gefürchtetste Terror- und Machtinstrument im »Dritten Reich«.

Politische Polizei in der Diktatur: Gestapo

MIT DER MACHTÜBERNAHME der Nationalsozialisten 1933 wird die »Württembergische Politische Polizei« aus dem Polizeipräsidium ausgegliedert und dem Innenministerium direkt unterstellt. Obwohl erst mit der Verreichlichung 1936 unter Reichsführer-SS und Chef der deutschen Polizei Himmler die Bezeichnung »Geheime Staatspolizei, Staatspolizeileitstelle Stuttgart« eingeführt wird, beginnt die Politische Polizei bereits im Frühjahr 1933 als gefürchtetes Machtinstrument des Terrorregimes mit der rücksichtslosen Bekämpfung der »Staatsfeinde«. Das Personal kommt überwiegend aus der Schutz- und Kriminalpolizei der Weimarer Republik. Waren zu Beginn des Jahres 1933 lediglich 63 Beamte und Angestellte beschäftigt, steigt die Anzahl der Mitarbeiter nach der Machtübernahme rasch auf über 200 an. Bis 1941 wächst der Personalbestand kontinuierlich auf 300 Beschäftigte.

Mit erweiterten Machtbefugnissen wie Anordnung von Schutzhaft oder verschärften Vernehmungsmethoden und einem Heer an Informanten, Spitzeln und Denunzianten aus der Bevölkerung sowie enger Zusammenarbeit mit dem Polizeipräsidium Stuttgart bekämpft sie immer rücksichtsloser ihre Staatsfeinde wie Kommunisten, Sozialdemokraten, Gewerkschaftler, Vertreter von Kirchen, Homosexuelle, Juden, Sinti und Roma und sogenannte Asoziale.

Die Mehrzahl der Beamten sind Mitglieder in der SS, der NSDAP oder anderer Gliederungen des nationalsozialistischen Staates und nicht »zwangsweise« zur Gestapo versetzt oder abgeordnet.

»BETRIFFT: VERSCHÄRFTE VERNEHMUNG«
Zur Ausschaltung jedes Regimegegners wurde ein sog. Folter-Erlass für die Gestapo-Beamten erlassen, der der Willkür Tür und Tor öffnete.

WALTHER PPK (POLIZEIPISTOLE KRIMINAL). Die 1929 von dem Waffenhersteller Carl Walther entwickelte Pistole gehörte zur Grundausstattung der Gestapo und der Kriminalpolizei in der NS-Zeit.

MIT IHRER DIENSTMARKE legitimierten sich die Gestapo-Beamten gegenüber Verdächtigen, Spitzeln, Bürgern und Arbeitskollegen. Ein Symbol für Angst und Schrecken der Gegner des Nationalsozialismus.

DER BLUTORDENSTRÄGER UND GENERALMAJOR A. D. SCHWEINLE wird auf Weisung des RFSSuCHdDtPol Himmler 1938 zum Polizeipräsidenten in Stuttgart ernannt.

Zentralisierung und Kontinuität

OBERREGIERUNGS- UND KRIMINALRAT LAUER, der Chef der Kriminalpolizeileitstelle Stuttgart, lehnte 1940 die dringend nahegelegte Übernahme zur SS ab. Vom Chef der Sicherheitspolizei und des SD wurde er daraufhin ins Wirtschaftsministerium versetzt, mit der Begründung, er sei aus Gründen, die in seiner Person lägen, in der Sicherheitspolizei nicht mehr tragbar.

KRIMINALMARKE der Staatlichen Kriminalpolizei Stuttgart.

REICHSFÜHRER-SS HEINRICH HIMMLER wird 1936 »Chef der Deutschen Polizei im Reichsministerium des Innern«. Der Prozess der systematischen Zentralisierung hat zum Ziel, Polizei und SS zu einem »Staatsschutzkorps« zu verschmelzen. Die Gliederung in einen Zweig Sicherheitspolizei mit Gestapo und Kriminalpolizei und einen Zweig Ordnungspolizei mit Schutzpolizei und Gendarmerie, jeweils mit einem Hauptamt an der Spitze, ist die organisatorische Folge.

Mit der Bildung des Reichssicherheitshauptamtes (RSHA) 1939 erreicht der Chef der Sicherheitspolizei und des Sicherheitsdienstes (SD), SS-Gruppenführer Heydrich, eine organisatorische Zusammenführung mit dem SD und damit eine ungeheure Machtfülle. Seine Behörde wird zur Terrorzentrale des nationalsozialistischen Staates. Die Inanspruchnahme der Weisungsbefugnis durch Himmler auf allen Gebieten des Polizeiwesens hat entscheidende Auswirkungen: Führungspositionen werden nur noch mit fanatischen Nationalsozialisten der SS oder SA besetzt. Nicht genehme Polizeichefs werden in den Ruhestand versetzt oder entlassen. Mit fortschreitender Kriegsdauer werden nahezu alle Führungsfunktionen der Stuttgarter Polizei in die Hände »bewährter« Nationalsozialisten gelegt.

Maßnahmen zur Hebung der »Verkehrszucht«

DER RASANT ANWACHSENDE STRASSENVERKEHR – 1936 sind 23 694 Fahrzeuge zugelassen, es gibt 8 027 Unfälle und 57 Tote – wird, laut Verkehrsexperten und Polizisten, besonders von unsicheren, manchmal leichtsinnigen Bürgern gestört, die sich in der »Verkehrsgemeinschaft« nicht richtig zu verhalten wissen. 1938 erlässt der Reichsführer-SS Himmler ein neues Verkehrsgesetz. Die Erziehung zum »Verkehrsmenschen« ist auch Aufgabe der Polizei. Schlagworte wie »Straßenfrieden«, »Verkehrszucht«, »Kameradschaft der Straße« und »Verkehrsgemeinschaft« prägen die Verkehrsdiskussionen im Nationalsozialismus.

»HABEN SIE ALKOHOL GETRUNKEN?« Fahren unter Alkoholeinwirkung, eine der Hauptunfallursachen im Straßenverkehr, wird in Deutschland erstmals 1937 unter Strafe gestellt. Die damaligen Maßnahmen des nationalsozialistischen Regimes sind drakonisch:

»Personen, die infolge Trunkenheit den Straßenverkehr gefährden, sind aufgrund des § 6 Abs. 2 der Straßen-Verkehrsordnung vom 13. 11. 1937 bis zur Dauer von 24 Stunden in Gewahrsam zu nehmen. Haben solche Personen einen Unfall verursacht, so können sie auf die Dauer von vier Wochen in polizeiliche Vorbeugungshaft genommen werden.«

Hinzu kommt noch die öffentliche Brandmarkung:

»Aus verkehrserzieherischen Gründen haben die Pol.-behörden bei Bekanntgabe von Straßenverkehrsunfällen an die Tagespresse den vollen Vor- und Zunamen sowie die Wohnung der Verkehrsteilnehmer anzugeben, bei denen nachweislich übermäßiger Alkoholgenuß zu Verkehrsunfällen geführt hat.«
DIENSTANWEISUNG (DA POL.) VOM 1. 4. 1940.

VERKEHRSUNFALL IN DER AUTOSTADT STUTTGART: Mit dem rapide ansteigenden Verkehrsaufkommen und schnelleren Fahrzeugen stieg auch das Unfallrisiko in den 1930er-Jahren.

Kaiser's
Brust-Caramellen
mit den

»TAG DER POLIZEI«: mit PP Klaiber und Aufmarsch des Musikkorps und der Hundestaffel der Stuttgarter Schutzpolizei.

»TAG DER POLIZEI«
Straßensammlung mit PP Klaiber.

Propaganda und Machtsymbole

DIE POLIZEI DES NATIONALSOZIALISTISCHEN STAATES verkörpert in der gewachsenen Tradition des preußisch-deutschen Beamtentums das strenge, gleichwohl dem Schutz der »Volksgemeinschaft« dienende, fürsorgliche Erscheinungsbild des »Dritten Reiches«.

Die Verbundenheit der »völkischen Polizei« mit den Bürgern wird mit öffentlichen Geld- und Sachspendensammlungen für Bedürftige sowie mit Platzkonzerten durch das Polizeimusikkorps im Rahmen des Winterhilfswerks, verbunden mit einem »Tag der Polizei«, propagandistisch ausgeschlachtet.

»Straffste soldatische Haltung in der Öffentlichkeit, vorbildliche Ordnung an sich selbst, völlige Beherrschung seines Körpers und der ihm anvertrauten Waffe und selbstloses Zusammengehörigkeitsgefühl müssen jeden Angehörigen der uniformierten Polizei auszeichnen.«
ERL. D. RFSSuChdDtPol v. 20. Juli 1933.

Staatliche Propaganda- und Hetzfilme wie »Jud Süß« und »Der ewige Jude« werden den Polizeibeamten dienstlich verordnet. Auch die weltanschauliche Schulung mit dem Ziel, den Polizeibeamten fortwährend das nationalsozialistische Denken zu vermitteln, ist Programm der nationalsozialistischen Führung.

ORDEN, EHRENZEICHEN UND SYMBOLE DER STAATLICHEN MACHT
wie Seitengewehre, Ehrendolche oder Verdienstmedaillen symbolisierten die Treue der staatlichen Organe zum Volksstaat und seine Aufgabe: »Schutz der Volksgemeinschaft«.

DIE STUTTGARTER POLIZEI IM NATIONALSOZIALISTISCHEN STAAT

BEFEHL ZUM KINDERZEUGEN des RFSSuChdDtPol. Himmler: »zeigt, daß Ihr im Glauben an den Führer und im Willen zum ewigen Leben unseres Blutes und Volkes ebenso tapfer, wie Ihr für Deutschland zu kämpfen und sterben versteht, das Leben für Deutschland weiterzugeben willens seid!«
(Erlass des RFSSuChdDtPol vom 28. Oktober 1939)

TREUELIED DER SS. Die Polizisten müssen Text und Melodie auswendig lernen, um die kameradschaftliche Verbundenheit von SS und der Ordnungspolizei zu festigen.
(RdErl. d. RFSSuChdDtPol. im RMdI vom 12.7.1938 – O-Kdo A (4) 9 Nr. 121/38)

SCHUTZPOLIZEIBEAMTE mit einem Mannschaftswagen auf einer Paradefahrt zum Standort einer Fahrzeugschau vor dem Neuen Schloss.

Krieg und Massenmord

MIT BEGINN DES ZWEITEN WELTKRIEGES folgen die mobilen Verbände von Polizei und SS der Wehrmacht und sichern die besetzten Gebiete.

Die Organisationsstruktur der Polizei wird als Teil der militärischen oder zivilen Verwaltung auf die eroberten Gebiete übertragen. Die Bataillone der uniformierten Polizei haben die Aufgabe, hinter den vorrückenden deutschen Linien versprengte feindliche Soldaten festzunehmen, Kriegsgerät einzusammeln und für »Sicherheit« hinter der Front zu sorgen.

Bis Ende 1939 werden rund 60 000 Angehörige der polnischen Führungsschicht erschossen. Polnische Juden werden bis 1942 in Ghettos unter lebensunwürdigen Bedingungen zusammengetrieben. Bewacht werden sie von der Ordnungspolizei.

Die aus Beamten der Geheimen Staatspolizei, der Kriminalpolizei und aus SD-Angehörigen gebildeten Einsatztruppen haben die Aufgabe, im Gegnerland alle »reichs- und deutschfeindlichen Elemente« im Rücken der eingesetzten Truppen zu bekämpfen. Mit dem Überfall auf die Sowjetunion erfolgt der Übergang von der Verfolgung zum systematischen Völkermord. Die Einsatzgruppen der Sicherheitspolizei und mehr als 30 Polizeibataillone ermorden über eine Million Menschen bis 1942. Parallel zum Völkermord in der Sowjetunion erstrecken sich die Deportationen der jüdischen Bevölkerung in die Vernichtungslager auf alle von Deutschland beherrschten Länder. Fast sechs Millionen Juden und mehr als 150 000 Sinti und Roma werden erschossen oder in den Gaskammern ermordet.

Ehemalige und aktive Beamte der Stuttgarter Polizei aller Sparten beteiligen sich an den Kriegsverbrechen und Mordaktionen. Als Angehörige von Polizeibataillonen sind Schutzpolizisten bei Massenerschießungen oder Ghettoräumungen in Polen und der Sowjetunion beteiligt oder als Feldgendarmeriesoldaten bei Racheaktionen auf dem Balkan. Ein ehemaliger Leiter der Politischen Polizei und SS-Führer ist Leiter der Einsatzgruppe A im Baltikum. Kriminalbeamte sind als Kommandeure von Vernichtungslagern in Polen am Holocaust beteiligt oder arbeiten in den okkupierten Gebieten in Paris, Brünn, Kiew und Belgrad in den neu errichteten Dienststellen der Geheimen Staatspolizei, des SD und der Kriminalpolizei: Sie alle folgen bedingungslos den Befehlen ihrer Vorgesetzten. Aber auch an der Heimatfront in Stuttgart vollzieht die Gestapo die Deportationsbefehle gegen die jüdische Bevölkerung.

DIENSTAUSWEIS des Hilfspolizeibeamten der Schutzpolizei Stuttgart Willi Riekert (Oberwachtmeister der Reserve), Angehöriger des Polizeibataillons 51, Heimatstandort Stuttgart. Der in Radom/Polen 1940 ausgestellte Dienstausweis dokumentiert die Kriegsverwendung bis 1944.

Aufgaben- und Machtzuwachs an der »Heimatfront«

In diesen Räumen muss Ruhe u. Ordnung herrschen

BEREITS 1935 bereiten sich die Behörden auf Luftangriffe im nächsten Krieg vor. Die Luftschutzpolizei, die Feuerschutzpolizei, der Sicherheits- und Hilfsdienst und die Technische Nothilfe werden dem Polizeipräsidenten unterstellt.

Die Ordnungspolizei ist verantwortlich für die Verdunkelung der Städte, die Überwachung der Luftschutzbunker sowie die Erfassung und die Beseitigung von Luftkriegsschäden. Mit zunehmender Kriegsdauer und Beginn des Luftkriegs 1942 wird der Luftschutz zur wichtigsten Aufgabe der Schutzpolizei. Zwangsarbeiter und Kriegsgefangene dürfen nicht in die Bunker. Sie müssen Blindgänger entschärfen, Leichen bergen und die Trümmer beseitigen.

Um einen möglichen Zerfall der »Heimatfront« zu verhindern, muss die innere Sicherheit von der Polizei mit allen Mitteln aufrechterhalten werden. Als »Volksschädling« gilt, wer die Kriegssituation für ein Verbrechen nutzt. Das Hören von ausländischen Radiosendern ist strafbar, Plünderer werden hingerichtet.

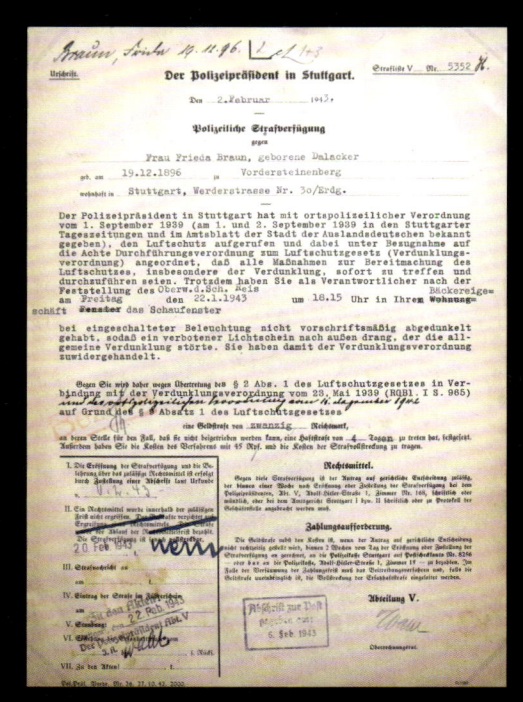

ANZEIGE wegen mangelhafter Verdunkelung.

Befehlsraum
Verbindungsführer
Kommandostab
Botsendienst
Nachrichtendienst

DIE STUTTGARTER POLIZEI IM NATIONALSOZIALISTISCHEN STAAT

DIE SYNAGOGE IN DER HOSPITAL-STRASSE 38 brannte in der Pogromnacht am 9. November bis auf ihre Grundmauern nieder. Die Feuerwehr schützte lediglich benachbarte Gebäude. Die Synagoge am Bad Cannstatter Wilhelmsplatz wurde von einem Feuerwehrmann eigenhändig in Brand gesetzt.

Reichspogromnacht 9. November 1938 in Stuttgart

AM 7. NOVEMBER 1938 erschießt der 17-jährige polnische Jude Herschel Grynszpan den Legationsrat der deutschen Botschaft in Paris, Ernst vom Rath. Nachdem die Nachricht vom Tod des Legationsrats in den Abendstunden des 9. November die »Alten Kämpfer« der NSDAP in München bei einer Kameradschaftsfeier im Beisein von Adolf Hitler erreicht, fordert Goebbels in einer Wut- und Hetzrede zu Aktionen gegenüber jüdischen Gotteshäusern und Geschäften auf.

Der Aufruf wird telefonisch an Gaupropagandaleiter Maurer in Stuttgart weitergegeben. In einer gegen Mitternacht im Gaupropagandaamt in der Kronprinzstraße stattfindenden Zusammenkunft mit SS-, SA- und Parteiführern, Vertretern des SD und der Gestapo sowie dem Chef der städtischen Feuerwehr wird der Befehl zum Losschlagen gegeben:

> »*Auf Befehl der Reichsregierung werden im Laufe dieser Nacht als Vergeltung für die Ermordung des Gesandtschaftsrats vom Rath alle Synagogen in Brand gesetzt. Sie haben nur die umliegenden Gebäude zu schützen.*«
> Aussage des Branddirektors am 14. Juli 1947 vor der Strafkammer des Landgerichts Stuttgart.

Die Synagogen in der Hospitalstraße 38 sowie in Cannstatt werden geplündert und auf »Befehl« von Feuerwehrleuten angezündet. Die Wohnung der Familie des Hausmeisters in der Hospitalstraße 36 wird gestürmt, die Wohnungseinrichtung demoliert, Schüsse fallen. Er wird mehrmals von der Gestapo im »Silber« verhört:

> »*An diesem Tag wurde mir ein Schreiben zur Unterschrift vorgelegt, auf Grund dessen ich mich verpflichtete, gegen Ott [SA-Mann] nichts zu unternehmen und über die Vorgänge in der Nacht vom 8./9. 11. 1938 Stillschweigen zu bewahren. Ich wurde darauf hingewiesen, dass, wenn ich dieses Schriftstück nicht unterschreibe und trotz meiner Unterschriftsleistung doch etwas aussagen sollte, ich dahin kommen werde, wo die anderen auch seien. [...] Bei dieser Gelegenheit wurden mir die Kugeln, die ich aus der vergipsten Wand meiner Wohnung herausgenommen und sichergestellt hatte und die durch die Glastüre hindurch abgegeben worden sind, abgenommen, wobei Mussgay [Gestapochef] die Äußerung tat, dass, wenn ich verreckt wäre, auch nicht viel kaputt gewesen sei, warum sei ich auch bei den Juden.*«
> Vernehmung des Hausmeisters 30. Oktober. 1945, Kripo Stuttgart.

Auch in der Innenstadt randalieren am 9. und 10. November SA-, SS- und HJ-Angehörige mit unbändigem Hass gegen jüdische Geschäfte:

»Sie warfen zuerst die Fenster ein, zerstörten die Einrichtung und begannen, die Ware auf die Straße zu werfen. Während dieser Aktion schaute die Polizei entweder lächelnd oder unbeteiligt zu.«
Bericht des amerikanischen Generalkonsuls Samuel W. Honacker

Zitiert in: Kotzubek, Annegret und Redies, Rainer: Stuttgart von Tag zu Tag 1900–1949. S. 75.

UND WAS TAT DIE POLIZEI? Stuttgarts Polizei schaute weg, half den Opfern nicht, durfte keine Ermittlungen aufnehmen und hielt sich fern von Körperverletzung, Brandstiftung, Diebstahl, Raub, Landfriedensbruch und Freiheitsberaubung.

Es gab ja einen fernschriftlichen Befehl von Reichsgestapochef Müller am 9. 11. 1938 um 22:15 Uhr an alle Leitstellen der Polizei, »bei den anstehenden Ausschreitungen nicht einzugreifen.«

FRIEDRICH MUSSGAY, Leiter der Staatspolizeileitstelle Stuttgart, veranlasst die Deportationen der jüdischen Bürger in Württemberg und Hohenzollern.

Verfolgung und Deportation der jüdischen Bevölkerung

ZIEL DES NATIONALSOZIALISTISCHEN FÜHRERSTAATES ist die Verfolgung, Vertreibung und schließlich die Vernichtung der jüdischen Bevölkerung.

Die Ausgrenzung, Entrechtung und Verfolgung beginnt gleich nach der Machtübernahme mit Berufsverboten und den »Nürnberger Gesetzen«. Das Pogrom vom 9. November 1938 radikalisiert die antisemitische Politik auf eine neue Stufe:

Jüdische Geschäfte werden in Stuttgart geplündert und polizeilich geschlossen. Jüdischen Kindern wird der Besuch deutscher Schulen untersagt, zahlreiche jüdische Bürger werden verhaftet und in die Konzentrationslager Welzheim und Dachau gebracht. Die Stadt legt eine »Judenliste« an, Wertgegenstände aus Gold, Silber und Platin müssen abgeliefert werden. Im November 1941 beginnt in einem Sammellager auf dem Killesberg der erste Transport württembergischer Juden. Vom Inneren Nordbahnhof werden bis 1945 jüdische Bürgerinnen und Bürger im Rahmen der »gesamteuropäischen Entjudung« deportiert.

DIE GESTAPO IM »SILBER« organisiert die Deportationen der jüdischen Bürger in Württemberg und Hohenzollern. Auf dem Killesberg wird ein Sammellager für die »Umsiedler« errichtet. Die Stadtverwaltung dokumentiert mit einem Film »den geordneten

Ablauf« der Aktionen. Der erste Deportationszug vom Nordbahnhof fährt am 1. Dezember 1941 mit etwa 1000 jüdischen Menschen nach Riga in das KZ Jungfernhof los. Bis zum letzten Transport am 12. Februar 1945 nach Theresienstadt werden insgesamt elf Deportationszüge mit über 2700 Menschen in die Lager nach Belzec, Auschwitz, Theresienstadt oder Majdanik verschleppt. Ungefähr 270 Personen überleben die Deportationen.

Die Stuttgarter Schutzpolizei überwacht die Transporte.

DAS EHEMALIGE REICHSGARTEN-SCHAUGELÄNDE auf dem Killesberg war Sammellager für die »Umsiedlung« württembergischer Juden in ein Ghetto oder Arbeitslager im Reichskommissariat Ostland.

ZELLENTÜR im Untergeschoss des »Hotels Silber«, wo Gegner des Naziregimes eingesperrt und Misshandlungen ausgesetzt waren.

DAS »HOTEL SILBER«, Sitz des Polizeipräsidiums Stuttgart von 1928 bis 1933, der Gestapo bis 1945 und nach Kriegsende wieder Dienststelle des Polizeipräsidiums Stuttgart bis 1977.

NOCH IM APRIL 1945 erhängten SS- und Gestapoangehörige die jüdischstämmige Else Josenhans in einer Zelle in der Dorotheenstraße 10.

Hotel Silber

DAS GESCHICHTSTRÄCHTIGE, VORNEHME »Hotel Silber« in der Dorotheenstraße 10 wird 1874 im Neorenaissance-Stil errichtet. Ab 1920 beherbergt das Gebäude die Generaldirektion der Reichspost, 1928 wird es Sitz der Polizei. Die Zeiten in der Endphase der Weimarer Republik sind hart und bewegt: Politische Kämpfe von radikalen Kommunisten und Nationalsozialisten und die damit verbundene Eskalation der Gewalt in Stuttgart fordern die Schutz- und Kriminalpolizei bis zum Äußersten.

Nach der Machtübernahme durch die Nationalsozialisten wird das »Silber« in Stuttgart zum Inbegriff für den NS-Polizeistaat. Der 1933 entmachtete Staatspräsident Bolz wird vor dem einstigen Hotel einer geifernden Menschenmenge vorgeführt und in »Schutzhaft« genommen. Die Gestapo vollzieht im »Silber« die Befehle von Himmler und Heydrich. Demütigungen, Folter, Exekutionen und die Organisation der Deportationen werden hier verantwortet und durchgeführt.

Nach Zerschlagung der Polizeiorganisation des NS-Regimes im Jahr 1945 wird das »Hotel Silber« wieder Sitz der im demokratischen Aufbau befindlichen Dienststellen von Kriminalpolizei, Polizeihaftanstalt und Funk- und Notrufzentrale. Die Ära »Hotel Silber« endet für die Stuttgarter Polizei 1984.

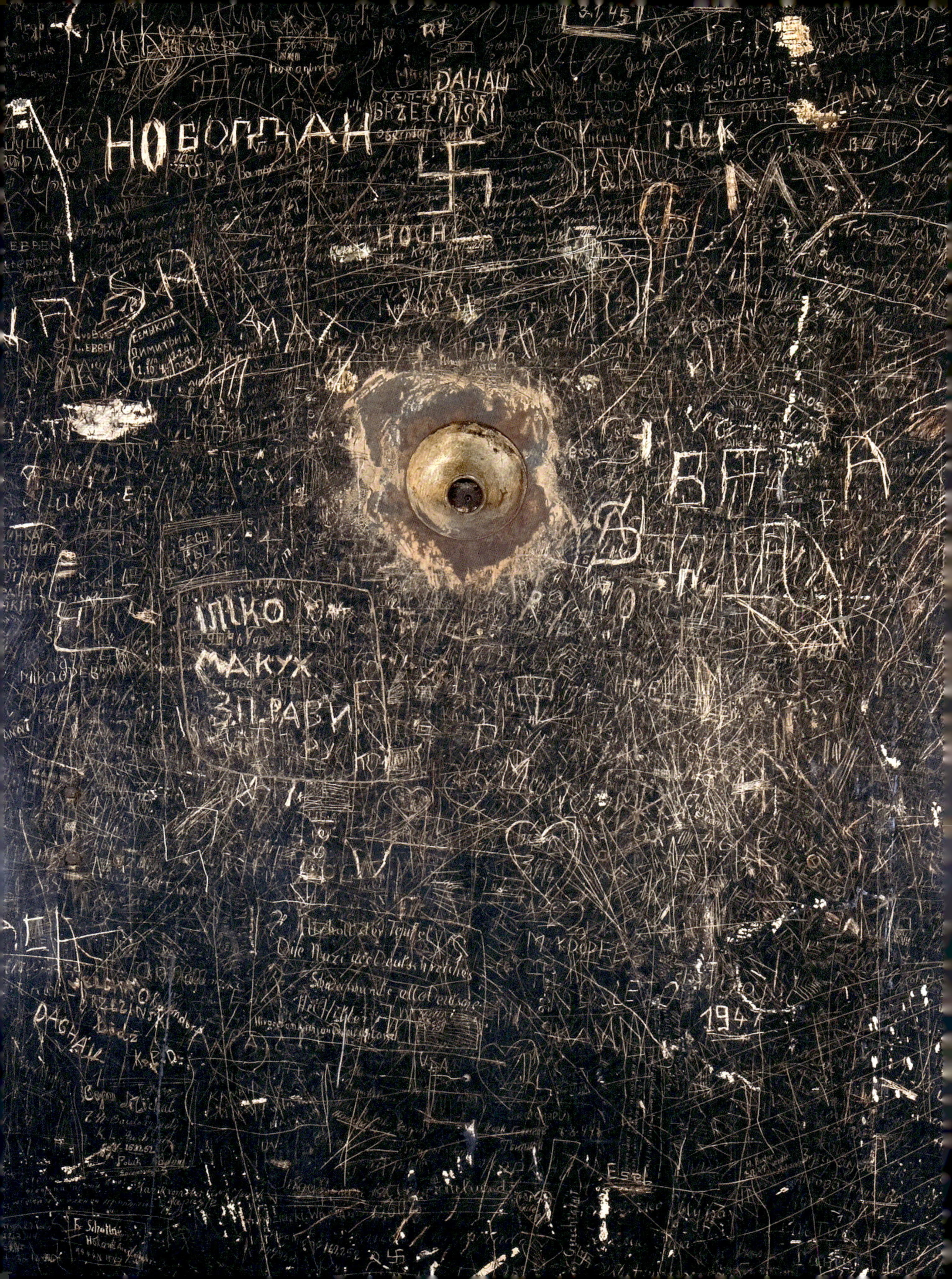
DAHAU
HOCH
DACHAU
K.P.D.

Der »Mitläufer«
JOSEF RATHGEB
Eine Polizeilaufbahn
im Strudel der Geschichte

Der 1905 in Ellwangen (Jagst) geborene Josef Rathgeb steht beispielhaft für viele Polizeibeamte, die in der Weimarer Republik ihre polizeiliche Laufbahn begannen.
Nach Volksschule und landwirtschaftlicher Tätigkeit erfolgte 1925 der Eintritt in die Württembergische Schutzpolizei. Seine Ausbildung erhielt Rathgeb bei der Polizeischulabteilung Ellwangen. Von 1928 bis 1939 war er als Polizeiunterwachtmeister bei der berittenen Schutzpolizei in Stuttgart auf verschiedenen Stuttgarter Polizeirevieren im Streifendienst. Mit Kriegsbeginn erfolgte die Abordnung zur Wehrmacht, wo er bei der Feldgendarmerie bis zum Kriegsende eingesetzt wurde. Nach seiner Entlassung aufgrund seiner Parteizugehörigkeit arbeitete er als Hilfsarbeiter, bis er 1946 in Ellwangen als Polizeibeamter wieder eine Anstellung fand. 1967 wurde Josef Rathgeb als Polizeiobermeister pensioniert.

Geboren am **8. DEZEMBER 1905** in Buch, Kreis Ellwangen, nach Volksschule landwirtschaftliche Tätigkeit.
1925 Eintritt in die Württembergische Schutzpolizei und Ausbildung bei der Polizeischulabteilung in Ellwangen.
1928 Dienst bei der berittenen Schutzpolizei des Polizeipräsidiums Stuttgart auf verschiedenen Revieren.
Mit Kriegsbeginn Verwendung bei der Feldgendarmerie als Stabsfeldwebel in Frankreich, Polen und Russland.
1943 Lazarettaufenthalt in Stuttgart und Beförderung zum Polizeimeister.
1944 Abordnung zu einem Polizeiregiment in Kroatien.
1945 Entlassung aus dem Polizeidienst in Stuttgart.
1946 Wiedereinstellung beim Polizeiamt Ellwangen als Meister der Schutzpolizei.
1947 Im Spruchkammerverfahren erfolgt die Einstellung des Verfahrens, da er nicht betroffen ist.
1967 als Polizeiobermeister in den Ruhestand versetzt.
18.11.1973 in Ellwangen verstorben.

1933 Beitritt zur NSDAP.

Ein brutaler Karrierist wechselt das Lager
GOTTLIEB HERING
Schutzmann, Kriminaloberinspektor,
SS-Hauptsturmführer

Herings Polizeilaufbahn vom Schutzmann in Heilbronn zum Leiter der Kriminalabteilung in Göppingen findet nach der Machtübernahme durch die Nationalsozialisten fast ihr Ende. SA-Männer und Mitglieder der NSDAP aus Göppingen bezeichnen den der SPD nahestehenden Kriminalbeamten als »Nazifresser« und fordern seine Ablösung. Die Prüfungsstelle beim Staatsministerium fordert daraufhin seine Entlassung, da er, gesinnungsmäßig dem Marxismus nahestehend, immer gegen die nationale Bewegung und deren Anhänger kämpfe. Da die Zeugenaussagen widersprüchlich sind, kann er seine Entlassung verhindern: Es erfolgt lediglich seine Versetzung zum PP Stuttgart. Mit seinem Beitritt am 1. Mai 1933 zur NSDAP wird er »überzeugter« und fanatischer Nationalsozialist. Mit Kriegsbeginn wird er im »Sonderauftrag des Führers« zum politischen Massenmörder.

Geboren am **2. JUNI 1887** in Warmbronn, nach Volksschule, Fortbildungsschule und landwirtschaftlicher Ausbildung als landwirtschaftlicher Aufseher tätig.
1907–1912 Militärdienst.
1912 Probeschutzmann in Heilbronn.
1915 Kriegsteilnahme.
1919 Kriminalbeamter in Heilbronn.
1929 Abteilungsleiter bei der Kriminalpolizei Göppingen.
1934 Versetzung zum PP Stuttgart und Sachbearbeiter bei der Kriminalpolizei (Mord, Meineid, Amtsverbrechen, Abtreibung).
1939 Ablehnung seiner Bewerbung auf SS-Mitgliedschaft aufgrund mangelnder Tauglichkeit.
1940 Abordnung zur Sicherstellung des Kriminalpolizeilichen Vollzugsdienstes nach Gotenhafen (Polen).
1941 Abordnung in die Tötungsanstalten Bernburg, Hadamar und Sonnenstein im Rahmen der Ermordung von psychisch Kranken und Behinderten zur Ausstellung von Todesbescheinigungen.
1942 Kommandeur des Vernichtungslagers Belzec.
1943 Beförderung zum SS-Hauptsturmführer, Ernennung zum Kriminaloberinspektor und Versetzung nach Triest zur Organisationszone Adriatisches Küstenland.
APRIL 1945 Rückkehr nach Deutschland.
9. OKTOBER 1945 in Stetten im Remstal verstorben.

1. MAI 1933 Beitritt zur NSDAP.

Polizeidienst im Nationalsozialismus – Facetten der Individualschuld

Der »Schreibtischtäter«
FRIEDRICH MUSSGAY
Kriminalkommissar, SS-Obersturmbannführer, Oberregierungs- und Kriminalrat, Leiter der Staatspolizeileitstelle Stuttgart

Friedrich Mußgay begann seine polizeiliche Laufbahn bei der Stuttgarter Kriminalpolizei in der Weimarer Republik. Bei der Verstaatlichung der Polizei 1923 wurde er mit hervorragender Beurteilung ins neugegründete Polizeipräsidium Stuttgart übernommen. Als Chef der Nachrichtenabteilung bei der Politischen Polizei in der Weimarer Republik konnte er die bei der Bekämpfung von »Staatsfeinden« wie Kommunisten und Sozialdemokraten gesammelten Daten und Erkenntnisse nach der Machtübernahme durch die Nationalsozialisten im neuen politischen Amt optimal »verwerten«. Obwohl als einziger Gestapo-Chef in Stuttgart ohne akademische Ausbildung, war der Aufstiegsbeamte die herausragende Figur in der Politischen Polizei in Stuttgart. Unter die Verantwortung von Mußgay fallen alle Deportationen der Juden aus Württemberg und Hohenzollern.

Beim Reichssicherheitshauptamt beantragte er zahlreiche Hinrichtungen (»Sonderbehandlungen«) von Zwangsarbeitern und ließ es sich nicht nehmen, den meisten Hinrichtungen persönlich beizuwohnen. Der von Gestapo-Opfern als »rasender Giftzwerg« bezeichnete Mußgay schreckte nicht vor Einschüchterungen und Misshandlungen zurück. Im Januar 1946 wurde Mußgay vom amerikanischen Militärgeheimdienst festgenommen und in das Gefängnis nach Stuttgart eingeliefert, wo er in seiner Zelle Selbstmord verübte.

Geboren am **3. JANUAR 1892** in Ludwigsburg.
1913 Nach Besuch des Realgymnasiums erfolgt die Ausbildung für die mittlere Beamtenlaufbahn.
1917 Eintritt in die Polizeidirektion Stuttgart.
1920 Beförderung zum Verwaltungsobersekretär.
1923 Kriminalinspektor beim PP Stuttgart und Dienst bei der Politischen Polizei (Nachrichtendienst, Vereins-und Versammlungswesen).
MAI 1933 Übernahme zur Württembergischen Politischen Polizei.
1934 Leiter der Dienststelle Nachrichtendienst.
1935 Ernennung zum Kriminalrat.
1938 Abordnung nach Brünn zum Aufbau der Gestapo.
2. MAI 1940 Beauftragung als Vertreter des Leiters der Staatspolizeileitstelle.
AUGUST 1941 Bestellung zum Leiter der Staatspolizeileitstelle Stuttgart.
3. SEPTEMBER 1946 Selbstmord in der Zelle des US-Militärgefängnisses in Stuttgart.

1. MAI 1933 Beitritt zur NSDAP.
1. APRIL 1933 Beitritt zur SS.

Der rücksichtslose Massenmörder
CHRISTIAN WIRTH
Schutzmann, Fahnder, SS-Sturmbannführer, Kriminalpolizeirat, Inspekteur der Vernichtungslager Belzec, Treblinka und Sobibor

Ausgestattet mit Ehrgeiz, unbändigem Fleiß und einer massiven Rücksichtslosigkeit, brachte es der fanatische Nationalsozialist vom einfachen Polizeibeamten bis zum Kriminalpolizeirat und SS-Sturmbannführer. Und dies ohne akademische oder besondere polizeifachliche Ausbildung. Seine »Vernehmungsfähigkeiten« waren schon in der Weimarer Republik landesweit in Polizeikreisen bekannt. Obwohl zu keinem Zeitpunkt bei der Politischen Polizei tätig, machte der »Alte Kämpfer« nach 1933 rasch Karriere. Bedingungslos erfüllte er die Vorgaben der neuen Machthaber. Ob in den Tötungsanstalten des Euthanasieprogramms oder als perfekter Organisator der Vergasungsaktionen in den Tötungsfabriken in Polen: Bis zu seinem Tod beim Kommando »Adriatisches Küstenland« war Wirth an den schlimmsten Kriegsverbrechen beteiligt.

Geboren am **24. NOVEMBER 1885** in Oberbalzheim / OA Laupheim.
1905 Nach Volksschule und Ausbildung als Säger vier Jahre Militärdienst.
1910 Anstellung als Schutzmann in Heilbronn und im selben Jahr Wechsel zum Städtischen Polizeiamt Stuttgart.
1913 Fahnder bei der Kriminalpolizei Stuttgart.
1914–1918 Kriegsteilnahme.
1919 Wiedereintritt in die Kriminalpolizei Stuttgart, Leiter Dienststelle Raub und schwerer Diebstahl.
1938 Leiter des Kriminalkommissariats 5 (Einbruch, Diebstahl, Hehlerei) und Beförderung zum Kriminalkommissar.
AB 1940 im »Sonderauftrag des Führers« als Organisator der Vergasungsaktionen im Rahmen des Euthanasieprogramms in verschiedenen Tötungsanstalten »zu einer besonderen Dienstleistung« abkommandiert.
1941–1943 Aufbau des ersten Vernichtungslagers im polnischen Belzec durch Wirth und Beginn des planmäßigen Massenmords. Aufgrund »herausragender Leistungen bei der Durchführung des Sonderauftrags des Führers« wird Wirth Inspekteur über die Vernichtungslager Treblinka, Sobibor und Belzec.
1943 wird Wirth zum Kriminalpolizeirat und SS-Sturmbannführer ernannt und
IM HERBST 1943 zum Kommando Adriatisches Küstenland versetzt, wo er Deportationen nach Auschwitz koordiniert.
AM 26. MAI 1944 wird Wirth angeblich von Partisanen auf einer Dienstfahrt erschossen.

1921–1923 Mitglied der NSDAP, nach Auflösung DNVP.
1931 Wiedereintritt in die NSDAP und SA.
1934 Landeswart des Kameradschaftsbundes Deutscher Polizeibeamten Württemberg, Stellv. Gausachbearbeiter des Amts für Beamte der Fachschaft 9 Polizeibeamte, Hauptvertrauensmann des Amts für Beamte, Kreis Stuttgart, SD-Mitarbeiter.
1939 Überführung von der SA in die SS und Beförderung zum SS-Obersturmführer.

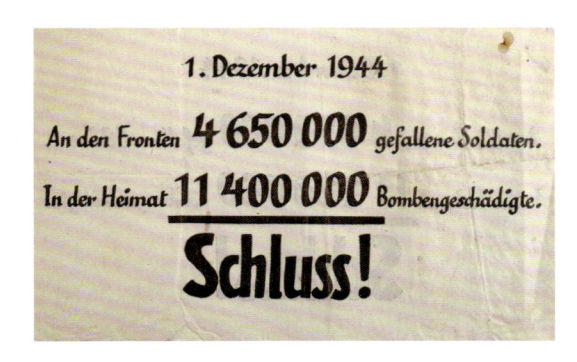

»Totaler Krieg« und »Feindpropaganda«

»Wollt ihr den totalen Krieg?
Wollt ihr ihn, wenn nötig, totaler und radikaler, als wir ihn uns heute überhaupt vorstellen können?«
15 000 schreien: »Ja!«

MIT SEINER HETZREDE im Berliner Sportpalast am 18. Februar 1943 schwört Reichspropagandaminister Goebbels 15 000 fanatische Hitler-Anhänger und Millionen Deutsche an den Volksempfängern auf einen über zweijährigen Schlussakkord des Krieges ein.

Im Juli 1944 ernennt ihn Hitler zum »Reichsbevollmächtigten für den totalen Kriegseinsatz«. Ein rastloser Kriegseinsatz der gesamten »Volksgemeinschaft« unter der Autorität des Regimes verhindert ein früheres Kriegsende. Die Angst vor dem Vorwurf der »Feindpropaganda« oder der »Wehrkraftzersetzung« ist allgegenwärtig: Jegliche Unmutsäußerung oder Kritik wird als defätistisch gebrandmarkt und kann tödlich sein. Berichte von Fronturlaubern über die wahre Kriegslage oder die Weitergabe von »Feindpropaganda« sind lebensgefährlich.

Bei der zunehmenden Bombardierung deutscher Städte werfen die Luftwaffenverbände der Alliierten »Feindpropaganda« ab, um den letzten Widerstand der kriegsmüden und demoralisierten Bevölkerung zu brechen. Doch bis zum Schluss des Krieges funktioniert das Regime. »Feindpropaganda« wird auf dem Dienstweg an die Gestapo in Stuttgart geschickt. Die Vision vom »Endsieg«, eingehämmert bis zum Zusammenbruch, endet mit dem Einmarsch französischer Truppen am 22. April 1945.

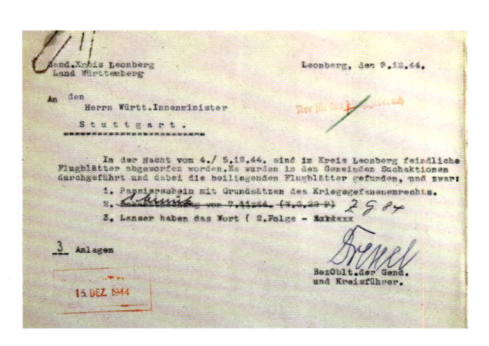

»**FEINDPROPAGANDA**«, abgeworfen aus alliierten Bombenflugzeugen, musste sofort abgegeben werden, um den Glauben an den »Endsieg« aufrechtzuerhalten. Verstöße wurden streng bestraft.

Passierschein

Der deutsche Soldat, der diesen Passierschein vorzeigt, benutzt ihn als Zeichen seines ehrlichen Willens, sich zu ergeben. Er ist zu entwaffnen. Er muß gut behandelt werden. Er hat Anspruch auf Verpflegung und, wenn nötig, ärztliche Behandlung. Er wird so bald wie möglich aus der Gefahrenzone entfernt.

Dwight D. Eisenhower
OBERBEFEHLSHABER
der alliierten Expeditions-Armeen

Englische Übersetzung nachstehend. Sie dient als Anweisung an die alliierten Vorposten.

SAFE CONDUCT

The German soldier who carries this safe conduct is using it as a sign of his genuine wish to give himself up. He is to be disarmed, to be well looked after, to receive food and medical attention as required, and to be removed from the danger zone as soon as possible.

Dwight D. Eisenhower
SUPREME COMMANDER,
Allied Expeditionary Force

BILANZ DES NATIONALSOZIALISMUS IN STUTTGART, APRIL 1945

Schutt und Trümmermassen	5 Mill. Kubikmeter, als Folge von 53 Luftangriffen mit 1 300 000 Brandbomben und 20 000 Sprengbomben
Einwohner 1939	458 429
Einwohner April 1945	266 067
Jüdische Einwohner 1933	4 876
Jüdische Einwohner 1945	123
Gefallene oder in Gefangenschaft gestorbene Stuttgarter	15 142
darunter Schutzpolizisten	547
Stärke der Schutzpolizei 1938	42 Offiziere 1 053 Mannschaften
Vermisste Schutzpolizisten	103 Angehörige der Schutzpolizei
Bei Fliegerangriffen getötet	4 562 Einwohner
Deutsche	3 618
Ausländer	770
Ortsfremde	89
Polizeibeamte	11
Vermisste	85
Gegner des NS-Regimes in Konzentrationslagern oder als Folge der Haft verstorben	1 486 Personen aus Stuttgart
davon Frauen	501
Männer	985

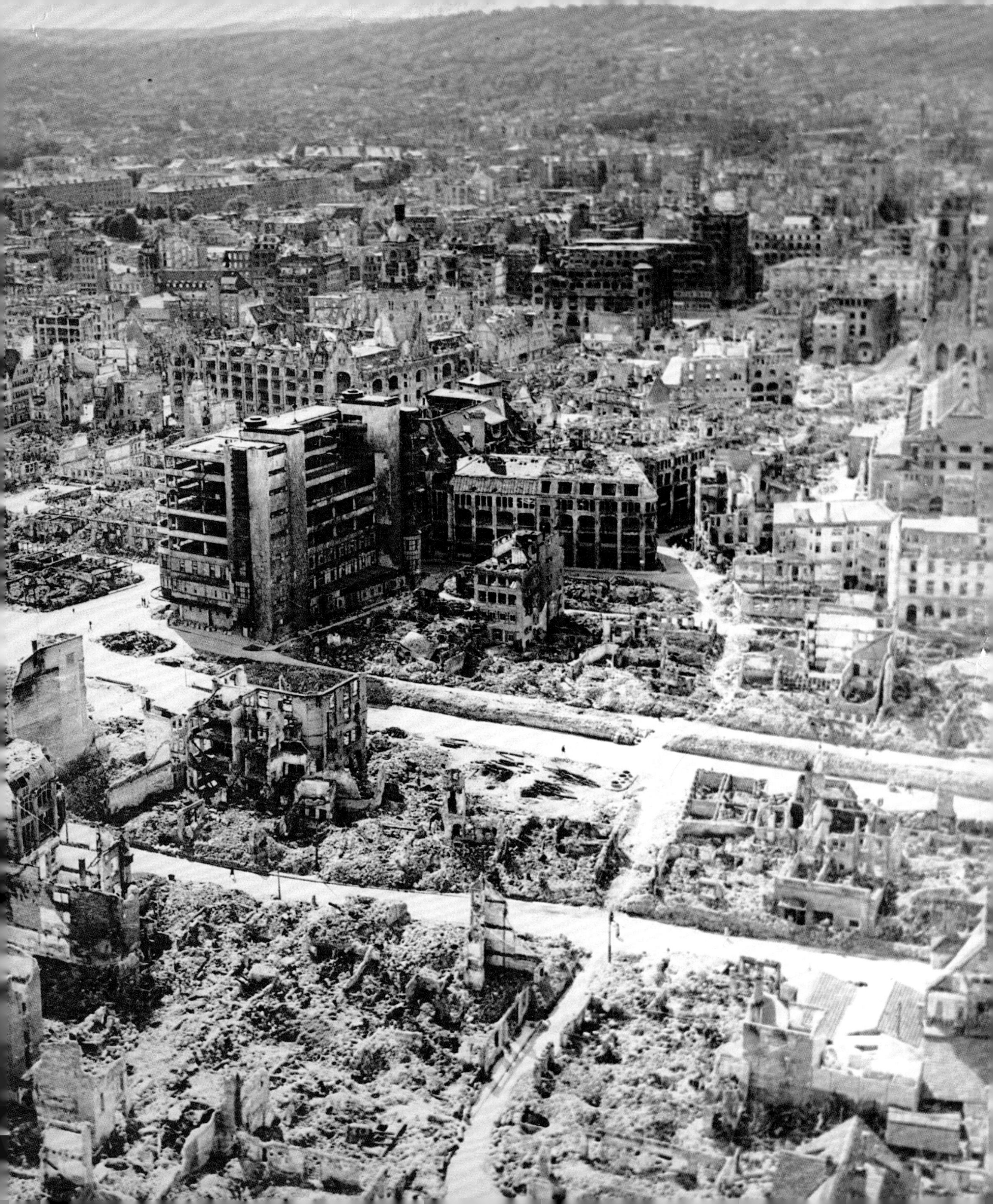

CHRONOLOGIE

1933

30. JANUAR 1933 Ernennung des Führers der Nationalsozialistischen Deutschen Arbeiterpartei (NSDAP) Adolf Hitler zum Reichskanzler.

15. FEBRUAR 1933 Bei einer Wahlkundgebung mit Adolf Hitler auf dem Stuttgarter Marktplatz werden die Rundfunkübertragung sabotiert und ein Kabel mit der Axt zerschlagen.

28. FEBRUAR 1933 Verordnung des Reichspräsidenten von Hindenburg zum Schutz von Volk und Staat (sog. »Reichstagsbrandverordnung«), Aussetzung einer Reihe von Grundrechtsartikeln, politische Gegner des NS-Regimes können von der Polizei zeitlich unbefristet in »Schutzhaft« genommen werden.

8. MÄRZ 1933 Einsetzung des Reichskommissars für das Polizeiwesen des Landes Württemberg, SA-Gruppenführer von Jagow.

9. MÄRZ 1933 Übernahme der Stuttgarter Schutzpolizei durch den Reichskommissar.

MITTE MÄRZ 1933 Errichtung eines Konzentrationslagers für politische Häftlinge durch das PP Stuttgart auf dem Heuberg.

24./25. MÄRZ 1933 In Stuttgart werden bei einer Razzia 270 Kommunisten verhaftet und in das KZ Heuberg gesperrt.

1. APRIL 1933 Vorzeitige Versetzung des Kommandeurs der Stuttgarter Schutzpolizei, Gaißer, in den Ruhestand.

28. APRIL 1933 Ausgliederung der Politischen Polizei aus dem Polizeipräsidium. Bildung der »Württ. Politischen Polizei« unter Leitung des Amtsrichters Dr. Mattheiß.

8. NOVEMBER 1933 Polizeigeneral Schmidt-Logan rechtfertigt auf einer Kundgebung der Württembergischen Vereinigung für polizeiwissenschaftliche Fortbildung die »Notwendigkeit einer Säuberung« der württembergischen Schutzpolizei mit dem Hinweis, ein politisch neutrales Beiseitestehen der Polizei komme im neuen Staat nicht in Frage. Einen obligatorischen Beitritt zur NSDAP werde es jedoch nicht geben.

11. DEZEMBER 1933 Die »Württ. Politische Polizei« wird dem Reichsführer-SS Heinrich Himmler unterstellt und der Länderhoheit entzogen.

1934

27. JANUAR 1934 Errichtung des »Württ. Politischen Landespolizeiamts«.

FRÜHJAHR 1934 Umbenennung der Bereitschaftspolizei in »Landespolizei« und Aufhebung der Unterstellungsverhältnisse unter den Polizeipräsidenten.

30. JANUAR 1934 Durch das Gesetz über den Neuaufbau des Reiches verlieren die Länder ihre Selbstständigkeit. Die Polizei fällt in die ausschließliche Zuständigkeit des Reiches.

1. JULI 1934 SA-Führer Dr. Hermann Mattheiß, »Alter Kämpfer« und Leiter der Politischen Landespolizei, wird im Rahmen des »Röhm-Putsches« von SS-Leuten liquidiert, sein Nachfolger wird Dr. Franz Walter Stahlecker.

5. JULI 1934 Vor dem von Polizei und SS hermetisch abgeriegelten Sondergericht muss sich der Backnanger Kommunist Erhard Minnich wegen Ermordung eines Polizisten verantworten. Minnich, in den 1920er-Jahren der Organisation Roßbach angehörend und Anhänger des Nationalsozialismus, hatte am 15. Mai 1934, um der Verhaftung zu entgehen, einen Polizeiwachtmeister erschossen. Nach einer Beratung von nur 20 Minuten verurteilt das Gericht Minnich wegen Mordes aus politischen Gründen zum Tode.

7. AUGUST 1934 Reichswehr, Polizei, SA und SS, Hitlerjugend und Reichsarbeitsdienst sowie der Nationalsozialistische Frontkämpferbund versammeln sich gegen Mittag auf dem Schlossplatz, wo über Rundfunk die Trauerfeier für den verstorbenen Reichspräsidenten von Hindenburg übertragen wird.

25. AUGUST 1934 Nach dem Tod von Hindenburgs und dem Übergang des Amtes des Reichspräsidenten auf Hitler werden die staatlichen und kommunalen Beamten neu vereidigt.

24. OKTOBER 1934 Polizeipräsident Klaiber erläutert vor der Presse die Einrichtung einer Polizeirufanlage in Stuttgart, an die auch wichtige private Unternehmen angeschlossen werden können.

1935

19. MÄRZ 1935 Hitler kommt überraschend von Augsburg nach Stuttgart. Er übernachtet im Hotel Viktoria in der Friedrichstraße, wo eine riesige Menschenmenge dem »Führer« zujubelt.

1. APRIL 1935 Überführung der kasernierten Schutzpolizei (Landespolizei) in die Wehrmacht. Ihre Offiziere werden zum größten Teil im gleichen Dienstrang in die Wehrmacht übernommen. Der Befehlshaber der Württembergischen Schutzpolizei wird Kommandeur einer Heeresdienststelle und avanciert noch bis zum Generalleutnant. Der am 20. September 1934 wegen Mordes an einem Polizisten zum Tode verurteilte Jakob F. wird hingerichtet.

30. MAI 1935 Der ehemalige Stuttgarter Kriminalkommissar Paul Schlotter wird von der Gestapo als der eigentliche Organisator der inzwischen illegalen SPD in Württemberg und Baden bezeichnet.

15. SEPTEMBER 1935 Erlass des antisemitischen »Gesetzes zum Schutz des deutschen Blutes und der deutschen Ehre« (»Nürnberger Gesetze«).

30. DEZEMBER 1935 Die Polizei beginnt wegen der zunehmenden Gefährdung von Kindern im Straßenverkehr einzelne Straßen für den Verkehr zu sperren. Die erste Sperrung erfolgt mit der Heusteigstraße, die täglich zwischen 13 und 17 Uhr den Kindern als Spielstraße vorbehalten ist. Klagen der Anwohner über den Lärm veranlassen die Polizei, den Versuch nach drei Monaten wieder aufzugeben. Die Stadt hat 429 428 Einwohner. Die Arbeitslosenzahl hat sich mehr als halbiert und beträgt nur noch 4 767. Es kam zu 4 816 Verkehrsunfällen, 3 350 Fußgänger und Radfahrer wurden wegen Verkehrsverstößen bestraft.

1936

28. JANUAR 1936 Erstmals ergeht ein Urteil des Stuttgarter Landgerichts aufgrund der »Nürnberger Gesetze«: Wegen seiner Beziehung zu einer arischen Frau wird der Jude Edwin Spiro aus Cannstatt zu sechs Monaten Gefängnis verurteilt. Er wird später in Auschwitz ermordet.

29. MÄRZ 1936 Reichstagswahl. Juden haben kein Stimmrecht. In Stuttgart werden 314 438 Stimmen abgegeben, 309 819 entfallen auf die NSDAP als einzig zugelassene Partei. Der SD fordert anschließend Listen der Nein- und Nichtwähler an.

17. JUNI 1936 Ernennung des Reichsführers-SS Himmler zum »Chef der Deutschen Polizei im Reichsministerium des Innern«.

1. OKTOBER 1936 Umbenennung des Württ. Landeskriminalpolizeiamtes in »Kriminalpolizeileitstelle Stuttgart« und der Politischen Polizei in »Geheime Staatspolizei Staatspolizeileitstelle«, Verschmelzung von Polizei und SS zum »Staatsschutzkorps«, Einsetzung eines Inspekteurs der Sicherheitspolizei und des SD.

1937

1. JANUAR 1937 Der Leiter der Stuttgarter Mordkommission, Kriminaldirektor Waizenegger, wird zum Leiter des Reichserkennungsdienstes im Reichskriminalpolizeiamt in Berlin ernannt. Sein Referat ist zuständig für: daktyloskopische Sammlungen, Verbrecherlichtbildkartei, Lichtbildstelle, Zeichen- und Abformstelle, Personenfeststellungsverfahren.

9.–12. JULI 1937 Auf dem Cannstatter Wasen finden die ersten Kampfspiele der SA-Gruppe Südwest statt. Aus sportlichen Wettkämpfen werden paramilitärische Übungen.

23. OKTOBER 1937 Jedes Polizeirevier hat die in seinem Gebiet befindlichen jüdischen Ärzte in eine Liste aufzunehmen. Die Liste soll dazu beitragen, bei der Auskunftserteilung arischen Volksgenossen das Aufsuchen arischer Ärzte mit Sicherheit empfehlen zu können. Es muss ausgeschlossen sein, dass ein Polizeirevier aus Unkenntnis oder Gleichgültigkeit einen jüdischen Arzt empfiehlt (Kommandotagesbefehl Nr. 100).

31. OKTOBER 1937 Zum ersten Mal treten Sicherheits- und Hilfsdienst (Feuerwehr, Technische Nothilfe, Rotes Kreuz) als geschlossene Formation auf dem Cannstatter Wasen zum Appell an. Polizeipräsident Klaiber demonstriert der Bevölkerung die Vorsorge der Behörden für den Ernstfall.

1.–3. DEZEMBER 1937 In einer mehrtägigen Luftschutzübung wird die Verdunkelung der Stadt ohne Verkehrsunterbrechung geprobt.

ENDE 1937 Einsetzung von Höheren SS-Polizeiführern als persönliche Vertreter Himmlers im Reich, nach Kriegsbeginn auch in den besetzten Gebieten.

1938

1. APRIL 1938 Hitler besucht Stuttgart. Hunderttausende jubeln dem »Führer« bei seinem einzigen offiziellen Stuttgart-Besuch zu. Unter Glockengeläut fährt Hitler zum Rathaus, wo ein Empfang von Gauleiter Murr und OB Dr. Strölin stattfindet.

31. MAI 1938 Polizeipräsident Klaiber geht in den Ruhestand. Sein Nachfolger wird SS-Brigadeführer und Generalmajor der Polizei a. D. Karl Schweinle.

12. JULI 1938 Der RFSSuChdDtPol Himmler weist per Runderlass darauf hin, dass alle Angehörigen der Ordnungspolizei Text und Melodie des Treuelieds der SS kennen müssen, damit bei gemeinsamen Veranstaltungen von SS und Ordnungspolizei die Angehörigen der Ordnungspolizei dieses mitsingen können.

30. SEPTEMBER 1938 Die jüdischen Ärzte verlieren ihre Approbation.

27./28. OKTOBER 1938 Polnische Juden werden ins Polizeigefängnis Büchsenstraße gebracht und per Bahn nach Polen deportiert.

28. OKTOBER 1938 Das Sondergericht Stuttgart verurteilt M. K. aus Schifferstadt, der einen Polizeibeamten in Stuttgart erschossen hat, zum Tode.

9. NOVEMBER 1938 Pogrome gegen die jüdische Bevölkerung, Zerstörung der zwei Synagogen durch Brandanschläge in Stuttgart und Bad Cannstatt.

12. NOVEMBER 1938 Das Sondergericht Stuttgart verurteilt den in Plieningen geborenen SS-Mann K. R. wegen Mordes an einem Polizeihauptwachtmeister zum Tode.

NOVEMBER 1938 Jüdische Geschäfte werden polizeilich geschlossen, jüdischen Kindern ist der Besuch »deutscher« Schulen untersagt.

3. DEZEMBER 1938 Führerscheine und Kraftwagenzulassungsbescheinigungen von Juden werden per Erlass für ungültig erklärt.

1939

1. JANUAR 1939 Auf Weisung des Reichsinnenministeriums legt die Stadt eine »Judenliste« vor, zunächst »für den internen Dienstgebrauch«.

25. FEBRUAR 1939 Juden müssen ihre Wertgegenstände aus Gold, Platin und Silber sowie Perlen und Edelsteine bei der Städtischen Pfandleihe abgeben. Der Geldwert entspricht nicht dem tatsächlichen Wert.

20. APRIL 1939 Hitlers 50. Geburtstag: SS und Polizei paradieren vor dem Königsbau. Auf der Festwiese des Cannstatter Wasens findet vor 200 000 Zuschauern eine Polizeiparade statt.

1. SEPTEMBER 1939 Überfall der Wehrmacht auf Polen, Einsatzgruppen der Sicherheitspolizei verhaften und ermorden Angehörige der polnischen Führungsschicht. Ausrufung des zivilen Luftschutzes, Organisation der Luftschutzmaßnahmen durch die Polizei.

9. SEPTEMBER 1939 Die Gestapo in Stuttgart ordnet die sofortige Festnahme aller haftfähigen männlichen Juden polnischer Staatsangehörigkeit an.

12. SEPTEMBER 1939 Die Gestapo teilt dem Polizeipräsidium mit, dass Juden selbst Luftschutzräume bauen müssen und sie ab 20 Uhr nicht mehr auf die Straße dürfen.

27. SEPTEMBER 1939 Zusammenfassung der Sicherheitspolizei (Gestapo und Kriminalpolizei) mit dem SD im Reichssicherheitshauptamt.

11. OKTOBER 1939 Die Stuttgarter Samariterstiftung muss Schloss Grafeneck räumen. 1940 beginnt in Grafeneck die sogenannte Aktion »T4«. Innerhalb eines Jahres werden 10 654 Menschen mit geistigen Behinderungen oder psychischen Erkrankungen ermordet.

1940

30. JANUAR 1940 Das Polizeibataillon 53 unter dem Kommando des Majors der Schutzpolizei Diehl wird in Stuttgart aufgestellt. Bis September 1940 wird es in Polen eingesetzt.

1. JUNI 1940 Ablösung des Leiters der Kriminalpolizei Stuttgart Lauer durch SS-Sturmbannführer und Kriminalrat Elsner.

25. JUNI 1940 Nach dem Sieg über Frankreich läuten an sieben Tagen von 12 bis 12:15 Uhr die Glocken, zehn Tage lang ist die Stadt beflaggt.

25. AUGUST 1940 Der Bombenangriff auf Stuttgart in der Nacht vom 24. auf den 25. August fordert vier Todesopfer. In Gaisburg, Wangen und Untertürkheim werden Häuser zerstört. Das Ziel, die Daimler Motorenwerke, wird verfehlt.

26. SEPTEMBER 1940 Der antisemitische Film »Jud Süß« wird im »Universum-Lichtspieltheater« gezeigt und zieht 140 000 Besucher an. Allen Polizeibediensteten wird das Ansehen des Films von Himmler zur Pflicht gemacht.

26. OKTOBER 1940 Nach einem Geheim-Schreiben des Luftgaukommandos VII sind zur Beseitigung von Bomben in Stuttgart, soweit Gefahr für die Räumungstrupps besteht, nach Möglichkeit Insassen des Konzentrationslagers Dachau heranzuziehen.

11. DEZEMBER 1940 »Der ewige Jude« läuft im »Ufa-Filmpalast« an. Der von Goebbels konzipierte Streifen wird zur Schulung von Einsatztruppen, SS und Polizei eingesetzt.

1941

7. APRIL 1941 Juden dürfen nur noch in einem Laden in der Seestraße einkaufen. Da ihnen auch die Benutzung öffentlicher Verkehrsmittel verboten ist, müssen sie lange Fußmärsche in Kauf nehmen, um sich im »Judenladen« mit dem Nötigsten zu versorgen.

22. JUNI 1941 Mit einem Überraschungsangriff mit 152 Divisionen beginnt Hitler den Krieg gegen die Sowjetunion.

25. OKTOBER 1941 Der Leitabschnitt Stuttgart des Sicherheitsdienstes aktiviert alle V-Männer, um die Stimmung in der Bevölkerung zu erkunden.

29. OKTOBER 1941 »Arische Häuser« sind jetzt »judenfrei«. Die in Stuttgart verbliebenen rund 1 000 Juden werden in Wohnungen jüdischer Besitzer zusammengedrängt.

18. NOVEMBER 1941 Ein Erlass der Gestapo Stuttgart behandelt die Deportation von Juden: »Im Rahmen der gesamteuropäischen Entjudung gehen z. Z. laufend Eisenbahntransporte mit je 1 000 Juden aus dem Altreich und der Ostmark und dem Protektorat Böhmen und Mähren nach dem Reichskommissariat Ostland. Württemberg und Hohenzollern ist daran zunächst mit einem Transport von 1 000 Juden beteiligt, der am 1. 12. 1941 von Stuttgart aus abgeht.«

12. DEZEMBER 1941 Deutschland hat den Vereinigten Staaten den Krieg erklärt. Der Stuttgarter NS-Kurier titelt: »Die Abrechnung des Führers mit dem Kriegsverbrecher Roosevelt ist gekommen«.

1942

14. FEBRUAR 1942 Tag der deutschen Polizei in Stuttgart: Mit Fährtenhunde- und Pferdevorführungen, Löschübungen der Feuerschutzpolizei sowie Paraden der SS und des NS-Kraftfahrerkorps demonstrieren die Träger der Staatsmacht den Zusammenhalt der Volksgemeinschaft. Für das Winterhilfswerk in Stuttgart werden 325 000 Reichsmark gespendet.

26. APRIL 1942 278 Personen, darunter die letzten jüdischen Kinder, werden nach Polen deportiert, niemand überlebt.

13. JULI 1942 49 Juden werden vom Nordbahnhof nach Auschwitz deportiert.

22. AUGUST 1942 942 Menschen werden vom Sammellager Killesberg nach Theresienstadt verbracht und von dort nach Auschwitz deportiert. Vier Juden überleben.

1. JUNI 1942 Im April und Mai wurden im Bereich des Oberlandesgerichts Stuttgart zehn Hinrichtungen durchgeführt, 26 zum Tode Verurteilte sind eingesperrt.

20. DEZEMBER 1942 Durch den Einsatz von Nebelmaschinen finden britische Bomber beim Anflug auf Stuttgart den Talkessel nicht.

1943

3. JANUAR 1943 98 Verneblungsmaschinen und weitere Flakgeschütze zum Schutz der Stadt werden in Stellung gebracht.

16. FEBRUAR 1943 Den Hitlerjungen der Oberschulen wird das Gelöbnis abverlangt, »als Luftwaffenhelfer allzeit ihre Pflicht zu tun, treu und gehorsam tapfer und einsatzbereit zu sein«.

15. MÄRZ 1943 Himmlers »Auschwitz-Erlass« vom 16. 12. 1942 wird auch in Stuttgart umgesetzt: Ein Güterzug, in dessen Viehwaggons 234 Sinti zusammengepfercht sind, erreicht am 17. und 18. März das Konzentrations- und Vernichtungslager Auschwitz-Birkenau.

31. MÄRZ 1943 Das »Stuttgarter Neue Tagblatt«, seit 1936 »gleichgeschaltet«, stellt unter politischem Druck sein Erscheinen ein.

15. APRIL 1943 Bilanz des neunten Luftangriffs auf Stuttgart: 619 Tote, 703 Verletzte, allein 400 alliierte Kriegsgefangene kommen um.

1. JUNI 1943 35 Menschen werden an diesem Tag exekutiert, darunter vier französische Widerstandskämpfer.

7. SEPTEMBER 1943 Die Kriminalpolizei wird aus dem PP Stuttgart ausgegliedert und zu einem selbstständigen Zweig »im Rahmen des sicherheitspolizeilichen Behördenaufbaus« (Pol.S III A 5 c Nr. 495/43 – 177-2).

11. SEPTEMBER 1943 Bordelle für ausländische Arbeiter werden in der Ulmer Str. 155 und Heilbronner Str. 414 in Baracken errichtet. Die französischen Prostituierten (je 12) wurden vom Reichskriminalpolizeiamt in Paris angeworben, deutsche Männer dürfen die Bordelle nicht betreten (Kommandobefehl 11. 09. 1943).

DEZEMBER 1943 In Stuttgart werden 481 637 Lebensmittelempfänger gezählt und mehr als 25 000 ausländische Zwangsarbeiter.

1944

10. FEBRUAR 1944 »Offiziere der Wehrmacht und Führer der SS und Parteigliederungen sind ebenso straff zu grüßen, wie Offiziere der Polizei« (Kommandotagesbefehl Nr. 97).

23. MAI 1944 In Stuttgart stehen 470 000 Luftschutzplätze und 4 725 unterirdische Fluchtwege von insgesamt 26,7 km Länge sowie 80 Großlöschteiche und 350 Selbstschutzteiche zur Verfügung.

8. JUNI 1944 Die enorme Kraftstoffknappheit bringt auch eine Einschränkung der Fahrten mit dem Unfallkommandowagen mit sich. Es ist vor der Alarmierung zu prüfen, ob es sich wirklich um einen schweren Verkehrsunfall handelt, der den Einsatz rechtfertigt.

8. AUGUST 1944 Der Stuttgarter Polizeipräsident Karl Schweinle geht auf eigenen Antrag vorzeitig in den Ruhestand. Vom Reichsführer-SS wird mit der Wahrnehmung der Dienstgeschäfte des Polizeipräsidenten in Stuttgart SS-Standartenführer Wicke beauftragt. Als Dienstanrede ist der SS-Dienstgrad (Standartenführer) zu gebrauchen.

9. AUGUST 1944 Paul Hahn, bis 1922 Oberpolizeidirektor in Stuttgart, wird von der Gestapo verhaftet, verhört und beschuldigt, am Staatsstreich des 20. Juli beteiligt gewesen zu sein. Im März 1945 wird er zu einer mehrjährigen Haftstrafe verurteilt.

12. AUGUST 1944 Eugen Bolz wird verhaftet und nach Berlin gebracht.

19. SEPTEMBER 1944 Die Trinkwasserversorgung ist zusammengebrochen, die Notversorgung erfolgt mit Wasserwagen. Zeitungen werden nicht mehr ausgetragen.

2. NOVEMBER 1944 Ein Zusammenstoß zweier Züge zwischen Ober- und Untertürkheim fordert 40 Tote und zahlreiche Verletzte.

12. NOVEMBER 1944 Der »Volkssturm« wird vereidigt. Dieses letzte Aufgebot ist schlecht bewaffnet und meist nur mit einer Armbinde ausgestattet.

29. NOVEMBER 1944 Elf Tote und zahlreiche Verletzte fordert ein Zugunglück zwischen Feuerbach und Zuffenhausen.

30. NOVEMBER 1944 In Echterdingen wird ein Außenlager des KZ Natzweiler eingerichtet, die Häftlinge werden zu Bauarbeiten am Flughafen eingesetzt.

1945

4. JANUAR 1945 Im KZ Sachsenhausen wird der ehemalige Rechtsrat der Stadt, Landtagsabgeordnete und Vorstand des Deutschen Städtetages Fritz Elsas hingerichtet.

23. JANUAR 1945 Eugen Bolz, der letzte württembergische Staatspräsident, wird in Plötzensee hingerichtet.

12. FEBRUAR 1945 Auch Juden, die durch die Ehe mit Christen noch geschützt gewesen waren, werden nach Theresienstadt deportiert.

22. MÄRZ 1945 Als »eiserne Ration« für den Fall der feindlichen Besatzung bekommen die Stuttgarter je ein Kilogramm Fleisch und Butter sowie Mehl, Nährmittel, Sauerkraut und zwei Flaschen Wein zugeteilt.

27. MÄRZ 1945 Reichsstatthalter Murr gibt Hitlers »Nero-Befehl« an die Stadtverwaltung weiter. Beim Signal »Schwabentreue« müssen die Infrastruktur zerstört und die Einwohner evakuiert werden.

13. APRIL 1945 Im Keller des »Hotel Silber« erhängt die Gestapo die jüdischstämmige Else Josenhans und eine Anzahl weiterer Opfer.

20. APRIL 1945 Hohe NS-Funktionäre unter Führung von Reichsstatthalter Murr und Ministerpräsident Mergenthaler verlassen die Stadt.

21. APRIL 1945 Besetzung der Stadt Stuttgart durch französische Truppen.

22. APRIL 1945 Übergabe der Stadt an den französischen General Jacques Schwartz im Gasthof »Zum Ritter« in Degerloch.

23. APRIL 1945 Unterstellung der Stuttgarter Polizei unter den Oberbürgermeister Dr. Arnulf Klett. Karl Weber, ein ehemaliger Kriminalbeamter, wird zum Polizeipräsidenten ernannt.

8. JULI 1945 Übergabe der Stadt an die amerikanische Besatzungsmacht, die die sofortige Entlassung aller der NSDAP angehörenden Polizeibeamten anordnet.

· **DIENSTMÜTZE** eines Stuttgarter Polizisten unter amerikanischer Besatzung, 1946.

NEUBEGINN – VOM KAPITULATIONSCHAOS ZUM WIRTSCHAFTSWUNDER

AM 21. APRIL 1945 besetzen die französischen Truppen Stuttgart. Einen Tag später wird der Stuttgarter Rechtsanwalt Dr. Arnulf Klett von General Schwarz als Oberbürgermeister eingesetzt. Er ernennt den 1933 von den Nationalsozialisten entlassenen Kriminalkommissar Weber zum Chef der Deutschen Polizei in Stuttgart. Dessen Dienstsitz wird das teilweise zerstörte »Hotel Silber«.

Die Sicherheitslage ist verheerend: In den ersten vier Wochen nach der Besetzung kommen in Stuttgart 72 Männer, 13 Frauen und neun Kinder unter 14 Jahren durch Erschießen, Erschlagen, Erstechen und Explosionen ums Leben. Rund 2 000 Vergewaltigungen werden gemeldet. Plünderungen, Raubüberfälle, Einbrüche und Diebstähle sind an der Tagesordnung.

Von ehemals über 6 000 Bediensteten der Stuttgarter Polizei waren nur noch wenige zurückgeblieben. Die Polizei hat zunächst keine Befugnisse, der Polizeipräsident empfängt alle Weisungen von der französischen Besatzungsbehörde. Ohne Waffen, zum Teil in alten Uniformen des »Dritten Reichs«, mussten die Polizisten Angehörige der Gestapo, des Werwolfes, der SS und sonstiger nationalsozialistischer Gliederungen verhaften.

Die Stuttgarter Polizei unter amerikanischer Besatzung

AM 12. JULI 1945 wird Stuttgart der amerikanischen Besatzungszone zugeordnet. Bei der Schutzpolizei werden in einem Jahr 1163 Polizeianwärter und Angestellte eingestellt und über 200 wieder entlassen. Hinzu kommen bis zum 7. März 1946 308 Beamte und 109 Arbeiter. Bis auf fünf Kriminalbeamte sind alle wegen der Zugehörigkeit zur NSDAP entlassen. 500 Karabiner, 300 Pistolen, 18 schwere Kraftfahrzeuge, 23 Personenwagen und 18 Pferde gehören zur Ausrüstung der nach dem Krieg im völligen Neuaufbau befindlichen Stuttgarter Schutz- und Kriminalpolizei.

Um die zahlenmäßig unterbesetzte Schutzpolizei von nächtlichen Bewachungsaufgaben zu entlasten, wird im Frühjahr 1946 eine »Wachabteilung« gebildet, die der Schutzpolizei angegliedert ist und Uniform trägt. Diese Leute haben Lager, Fabriken und Klubräume zu bewachen, um Plünderungen vorzubeugen. Die Bezahlung der Wachleute erfolgt durch die Eigentümer der Objekte. Ein Drittel ist bewaffnet, 253 Objekte müssen betreut werden und immer wieder kommt es zu Zwischenfällen aufgrund der unklaren Rechtsstellung der Wachleute.

AUF STREIFE mit dem Polizeicabrio in den Mittleren Anlagen, ca. 1947.

POLIZEIMEISTER SEEMÜLLER UND POLIZEIOBERMEISTER RUFFNER wurden am 27. Februar 1949 zu einer Schlägerei in die jüdische Clubbar, Hauptstätter Straße 86, gerufen. Bei dem Routineeinsatz wurde Seemüller von dem Täter erschossen und Ruffner schwer verletzt.

NEUBEGINN – VOM KAPITULATIONSCHAOS ZUM WIRTSCHAFTSWUNDER

Im Kampf gegen den Schwarzmarkt

DIE BEKÄMPFUNG DES SCHWARZMARKTES stellt die Stuttgarter Polizei vor große Herausforderungen, da es sich größtenteils um Einsätze gegen sogenannte DPs (Displaced Persons) handelt, die während der nationalsozialistischen Gewaltherrschaft verschleppt und ausgebeutet wurden. Von Januar bis Mai 1947 werden 810 Schwarzhändler festgenommen. Am 29. März 1946 kommt es in einem von jüdischstämmigen Auswanderern bewohnten Wohngebiet am Westbahnhof zu einer von der amerikanischen Militärregierung genehmigten Razzia. Die Situation eskaliert, die Beamten werden angegriffen, Schüsse fallen. Nachdem der Polizeipräsident den Gebrauch der Schusswaffe anordnet, wird ein jüdischer Bewohner von einem Stuttgarter Kriminalbeamten erschossen. Erst durch das Anrücken amerikanischer Panzer kann wieder Ruhe hergestellt werden. Die amerikanische Militärregierung befiehlt die sofortige Abschaffung der bis zu diesem Zeitpunkt noch getragenen grünen Uniform aus alten Wehrmachtsbeständen.

ARMBINDE: Zur Erkennbarkeit trugen die Kripobeamten bei Schwarzmarkteinsätzen eine Armbinde mit der Aufschrift »Polizei«.

90 NEUBEGINN – VOM KAPITULATIONSCHAOS ZUM WIRTSCHAFTSWUNDER

RAZZIA AM HAUPT-BAHNHOF und der Einsatz von Panzern durch das amerikanische Militär bei der Umstellung der Flandernkaserne, einem Lager für Displaced Persons, im Kampf gegen den Schwarzmarkt.

TASCHENLAMPE als Teil der Standardausrüstung eines Schutzpolizisten bis in die 1970er-Jahre.

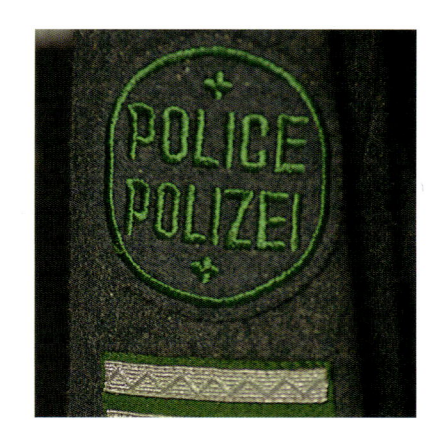

NACH DER BESETZUNG der Stadt durch die Franzosen wurde die Polizei entwaffnet, mit einem Holzknüppel ausgerüstet und die Wehrmachtsuniformen mit der Aufschrift »Polizei/Police« versehen. Am 12. Juli 1945 wurde Stuttgart amerikanische Besatzungszone und im November mit Revolvern ausgerüstet. Die Uniform wurde wieder »blau« und die Polizei »kommunal«, nach dem Vorbild der amerikanischen »Cops«.

POLIZEI
STUTTGART
POLICE
POLIZEI
DAIMON
2233
MADE IN GERMANY

VERKEHRSUNFALLAUFNAHME
unter »Aufsicht« der amerikanischen Militärpolizei in Zuffenhausen, Elsässer Straße (undatiert).

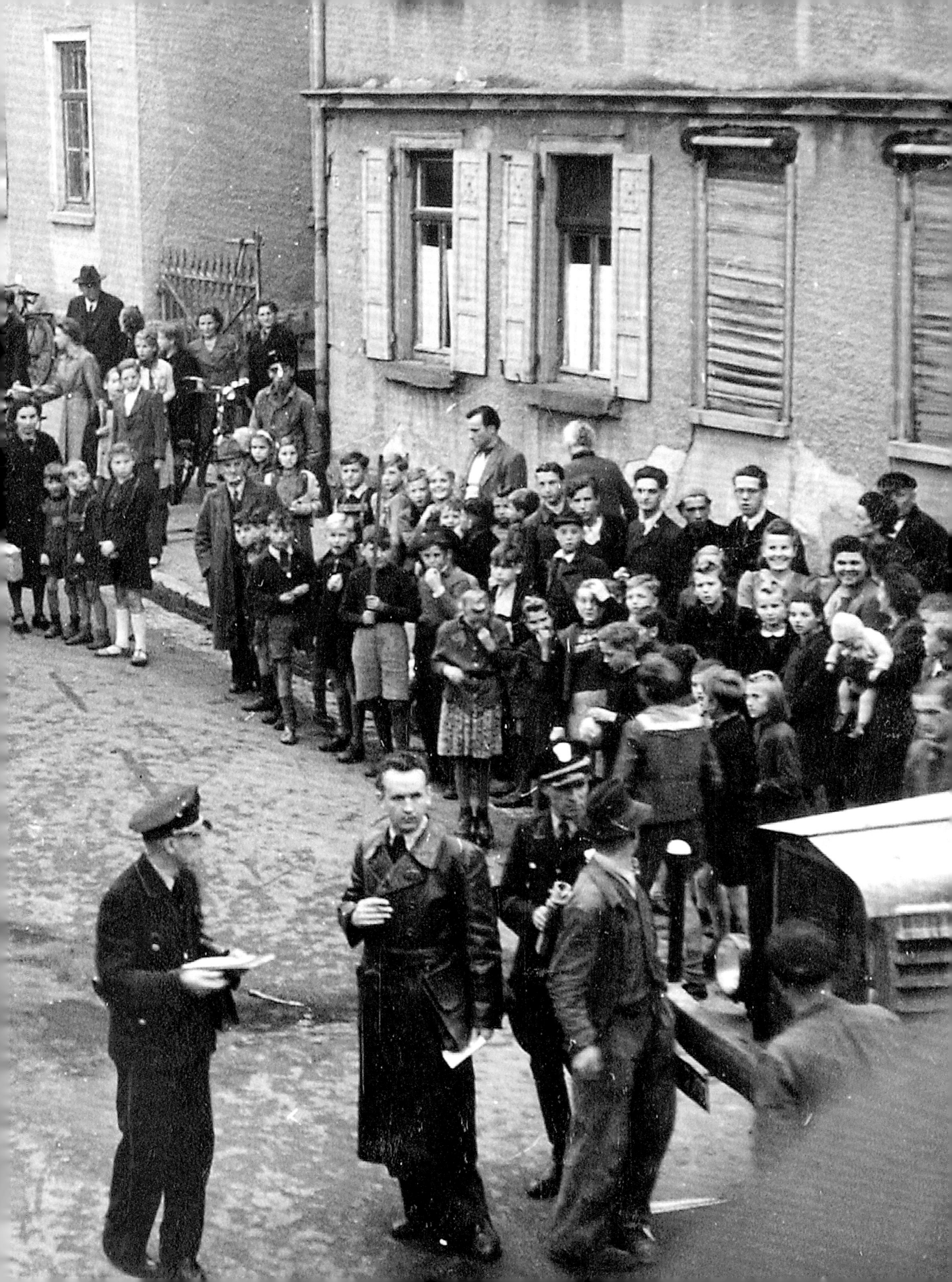

Der Straßenverkehr kommt wieder in Gang

NACH DEM KRIEG ist zunächst wieder »Handarbeit« durch die Stuttgarter Verkehrspolizei gefordert. Am 25. Mai 1945 ordnet die Militärregierung an, »dass am Bahnhof und Schloßplatz, am Wilhelmsbau, Marienplatz, Charlottenplatz, Ecke Hohenheimer/Alexanderstraße und Kreuzung Tübinger/Fangelsbachstraße, je 2 Posten den Verkehr von vormittags 7.00 Uhr bis abends 20.00 Uhr zu regeln haben«. Die erste optische Verkehrssignalanlage wird 1950 am Bahnhofsplatz in Betrieb genommen. Wie wichtig die Verkehrsregelung ist, zeigt sich daran, dass bereits 1953/54 Stuttgarter Verkehrsregelungsbeamte zur Weiterbildung nach Paris reisen.

1953 WIRD DIE ERSTE »HEUER-AMPEL«, benannt nach ihrem Erfinder, über der Kreuzung Reinsburg-/Silberburgstraße aufgehängt. Diese Ampel funktioniert wie eine Uhr: Ein Zeiger durchläuft auf dem Uhrenblatt langsam zwei Farbsegmente, Grün und Rot. Die wichtigsten Hauptverkehrsadern der Stadt werden 1957 erstmals mit 22 Signalanlagen ausgestattet, die den Verkehrsfluss der über 90 000 zugelassenen Fahrzeuge in Stuttgart steuern. 16 Anlagen davon werden von einer Zentralsteuerung, die im Rathaus untergebracht ist, von Beamten der Verkehrsregelung überwacht.

DIE WEISS GEKLEIDETE VERKEHRSPOLIZEI auf der Straße.

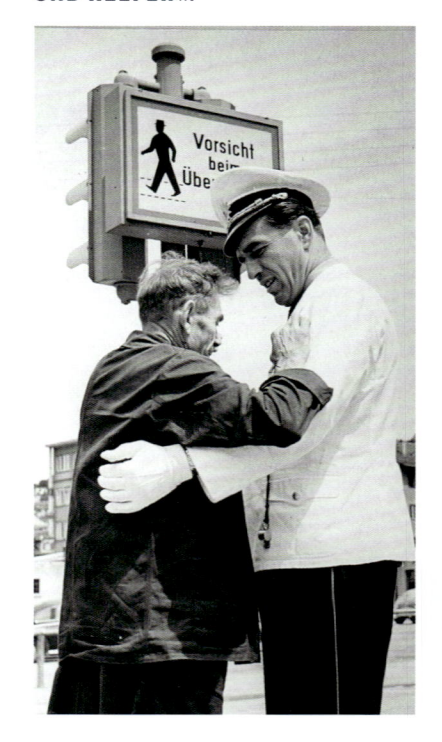

»DIE POLIZEI, DEIN FREUND UND HELFER«.

»HEUER-AMPEL«.

VERKEHRSREGELUNG
auf dem »Turm« am Schlossplatz.

»DANKESCHÖN« – EIN RELIKT AUS ALTEN ZEITEN?
Stuttgart-Mitte, 1950er-Jahre: Jeden Tag fährt man hier an dem Verkehrspolizisten vorbei, der die Verkehrsströme in der Innenstadt regelt. Ob Regen, Schnee oder brütende Hitze, nie war der Spruch lebendiger als damals: »Die Polizei, dein Freund und Helfer«.
Die vielen kleinen Aufmerksamkeiten zu Weihnachten als Dank für den Polizisten auf dem »Elefantenfuß« – eine Geste der Menschlichkeit. Heute wäre der Staatsanwalt vor Ort und ginge der Frage nach: § 331 StGB Vorteilsannahme?

Eine Harley-Davidson im Dienste der Autobahnpolizei

DIE ÜBERWACHUNG DER AUTOBAHNEN und der Reichsstraßen in Nordwürttemberg obliegt dem »10. Constabulary Regiment« der amerikanischen Besatzungsmacht. Die Zunahme des Fahrzeugverkehrs auf den Autobahnen erfordert jedoch deutsche Polizeibeamte als Begleiter, und so wird am 17. 10. 1946 durch Erlass der US-Militärregierung die Autobahnpolizei Stuttgart eingerichtet, die sich in den Kelley-Baracks in Stuttgart-Möhringen befindet und als »Mot. Kommissariat 20« bezeichnet wird. Bis Dezember 1946 hat die Motorradgruppe zehn Solokräder, darunter auch eine Harley-Davidson. Der damalige Fahrer, Polizeihauptmeister a. D. Ernst Wohlfahrt, erinnert sich an die Anfänge polizeilicher Verkehrsüberwachung:

> *»Die Motorräder haben wir teilweise zerlegt aus Kisten ausgepackt und selbst zusammengeschraubt. Die Fahrer der Maschinen erkannte man daran, dass das rechte Hosenbein von der Hitze des Krümmers immer leicht angesengt war.«*

Nachdem die Harley-Davidson Ende der 1940er-Jahre einen Motorschaden hat, kommt sie zur Fahrschule der Landespolizeidirektion Nordwürttemberg, wo sie bis zur Auflösung der Fahrschule im Jahr 1999 als Schulungs- und Lehrmodell verwendet wird.

HARLEY-DAVIDSON WLA
BAUJAHR: 1941
MOTOR: 23,5 PS bei 4 600/min
GETRIEBE: 3-Gang
HÖCHSTGESCHW.: 105 km/h
PREIS (1941): 380 US-$

DER LEGENDE NACH wurde die eindrucksvolle Maschine vor ihrem »Polizeidienst« zunächst von der amerikanischen Hilfsorganisation »CARE« für schwäbische Hebammen zur Verfügung gestellt, um diesen eine schnellere Anwesenheit bei Geburten zu ermöglichen.

Erst als sich die »Harley« für die Hebammen – vor allem durch ihre rund 300 Kilo Gewicht – als ungeeignet erwies, soll sie in den Besitz der Autobahnpolizei übergegangen sein. Für die Hebammen wurde, so heißt es, im Gegenzug dafür die deutlich kleinere und leichtere »Hebammen-Quickly« von NSU angeschafft. Ob diese Geschichte so tatsächlich stimmt oder ob unser Exponat damals von der US-Constabulary direkt an die Polizei ging, daran kann sich nicht einmal mehr Ernst Wohlfahrt erinnern. Es wird wohl für immer ein Geheimnis der Maschine bleiben …

NEUBEGINN – VOM KAPITULATIONSCHAOS ZUM WIRTSCHAFTSWUNDER

Verkehrserziehung in den 1950er-Jahren

BEREITS ENDE 1945 wird im mit Trümmern übersäten Stuttgart versucht, die öffentliche Sicherheit wiederherzustellen und einen geordneten Straßenverkehr in Gang zu bringen. Am 7. Juli 1946 beginnt die erste Verkehrserziehungswoche der Polizei:

»Die Verkehrserziehungsaktion des Polizeipräsidiums, die vom 7.–13. ds. Mts. durchgeführt wurde, ist vom grössten Teil der Stuttgarter Bevölkerung begrüsst und günstig aufgenommen worden. Dies ist nicht zuletzt dem restlosen Einsatz der bei der Durchführung eingesetzten Beamten der Schutzpolizei zuzuschreiben, die in unzähligen Fällen Belehrungen und verkehrserzieherische Hinweise an die Verkehrsteilnehmer erteilten.«

KOMMANDO-TAGESBEFEHL NR. 21 VOM 5. 8. 1946.

AM 23. OKTOBER 1953 wird am Diakonissenplatz im Stuttgarter Westen die erste bundesweite Jugendverkehrsschule von der Stadt Stuttgart und der Stuttgarter Polizei eingeweiht. Verkehrserziehungstage werden veranstaltet, Pressekampagnen gestartet, das Verkehrskasperle ins Leben gerufen. Das Kasperle-Spiel »Mit Au-Au gegen den Verkehrsteufel« wird vor 2 900 Kindern aufgeführt. In den Stuttgarter Kinos werden im Vorprogramm Dias zur Verkehrserziehung eingespielt. Praktisch alle Viertklässler der Stuttgarter Schulen durchlaufen das Vorzeigeprojekt.

1977 wird die Verkehrserziehung lehrplanmäßiger Bestandteil des Sachkundeunterrichts an Grundschulen. 1980 wird eine weitere stationäre Jugendverkehrsschule im Unteren Schlossgarten eröffnet. Eine dritte am Max-Eyth-See folgt 1996. Die Stadtrandbezirke werden von einer mobilen Jugendverkehrsschule unterrichtet, verpackt auf einem LKW. Seit 1995 sind nach anfangs drei Polizeibeamten mittlerweile 17 Mitarbeiter des PP Stuttgart in der Verkehrserziehung tätig.

DAS »VERKEHRSKASPERLE« brachte spannende Abwechslung in den Alltag der Stuttgarter Grundschüler.

IN DER JUGENDVERKEHRSSCHULE wurden die Stuttgarter Schülerinnen und Schüler praktisch »fit« für den Straßenverkehr in der Großstadt gemacht.

NEUBEGINN – VOM KAPITULATIONSCHAOS ZUM WIRTSCHAFTSWUNDER

Neuaufbau und Wirtschaftswunder

BIS MITTE DER 1960ER-JAHRE war auch das Leben in Stuttgart geprägt von einer gigantischen wirtschaftlichen Aufbauleistung und dem Streben nach Normalität. Stuttgarter Weltkonzerne wie Daimler, Porsche oder Bosch sind Beispiele für die reale Steigerung der Industrieproduktion um 185 % bis 1963. Vertriebene und Flüchtlinge werden integriert. 1955 kommen die ersten italienischen Gastarbeiter nach Stuttgart, ab 1960 folgen Portugiesen, Griechen, Jugoslawen und Türken.

In der Folge nimmt das Verkehrsaufkommen stark zu, was zu massiven Verkehrsproblemen und immer mehr Unfalltoten führt. Die Antwort auf die explosionsartige Zunahme des Straßenverkehrs in den 1950er-Jahren mit steigenden Unfallzahlen, Verletzten, Toten und verstopften innerstädtischen Straßen ist die Aufstellung einer Motorradtruppe: 1960 schlägt die Geburtsstunde der »Rau-Reiter«.

Großeinsätze der Stuttgarter Schutzpolizei gibt es lediglich bei Staatsbesuchen. 1962 kommt der französische Staatspräsident nach Stuttgart. 550 Beamte sind im Einsatz. Insbesondere der Begleitschutz auf allen Fahrten in Baden-Württemberg wird vom PP Stuttgart gestellt.

DIE QUEEN besuchte Stuttgart am 24. Mai 1965. Im Mercedes Cabriolet und in Begleitung des Ministerpräsidenten Kurt Georg Kiesinger fuhr sie durch die Stadt, vorbei an einer jubelnden Menschenmenge. Die Stuttgarter Polizei war für den gesamten Streckenschutz zuständig, und die Motorradstaffel eskortierte die Königin durch die Stadt.

MIT »VIVE-DE-GAULLE«-RUFEN
und Fähnchen schwingend begrüßte die Stuttgarter Bevölkerung den französischen Staatspräsidenten Charles de Gaulle, der im offenen Wagen quer durch Stuttgart ins Ludwigsburger Schloss fuhr, wo er am 8. September 1962 eine viel beachtete Rede vor 20 000 deutschen Jugendlichen hielt.

DIE »RAU-REITER«

Mit der Massenmotorisierung in den 1950er-Jahren droht die Landeshauptstadt »zwischen Wald und Reben« buchstäblich an ihren Verkehrsproblemen zu »ersticken«. Steigende Unfallzahlen, tägliche Staus und verstopfte Straßen, aggressive und genervte Autofahrer, gefährdete Fußgänger und ein immer mehr um sich greifendes »rowdyhaftes Verkehrsverhalten« fordern die Stuttgarter Verkehrspolizei. Um die schlechte Verkehrsdisziplin im Stadtgebiet zu verbessern, wird 1960 von Polizeipräsident Paul Rau eine 16 Mann starke Motorradstaffel aufgestellt. Nach dem Vorbild der Pariser Polizei entwickelt, ist die Stuttgarter Motorradstaffel zu einer nicht mehr wegzudenkenden Einheit im Stuttgarter Straßenbild geworden. Ihre Hauptaufgabe besteht darin, »in den fließenden Verkehr einzugreifen«, um bei Verkehrsverstößen sofort reagieren zu können. Der Einsatz der bundesweit ersten Motorradstaffel ist vielfältig: Ob Verkehrsstau, Bundesligaspiel, Demonstration, Lotsung von Rettungsfahrzeugen oder Fahndung nach Straftätern, die »Feuerwehr auf zwei Rädern« ist immer zur Stelle.

Auch die Eskortierung hoher Staatsgäste gehört zum Aufgabenfeld der Staffel: Charles de Gaulle, Königin Elizabeth II. oder Jassir Arafat, sie alle wurden sicher durch Stuttgart geleitet. Wie exzellent sie ihre Maschinen beherrschen, zeigen die Fahrer immer wieder mit ihren akrobatischen Vorführungen bei Öffentlichkeitsveranstaltungen der Polizei.

2014 verfügt die Stuttgarter Motoradstaffel über 28 hochmoderne BMW-Motorräder vom Typ R 1200 RT. Ausgestattet mit Griff- und Sitzheizung, Digitalfunk, ausfahrbarem Blaulicht, verstellbarem Windschild und einem 110-PS-Motor sind die wendigen Maschinen mit ihren »blauen Reitern« aus Stuttgarts Straßenbild nicht mehr wegzudenken.

HOLLANDWOCHE IN STUTTGART: Holländische Blumenmädchen sind begeistert vom »Charme« eines Stuttgarter »Rau-Reiters« im Jahre 1959.

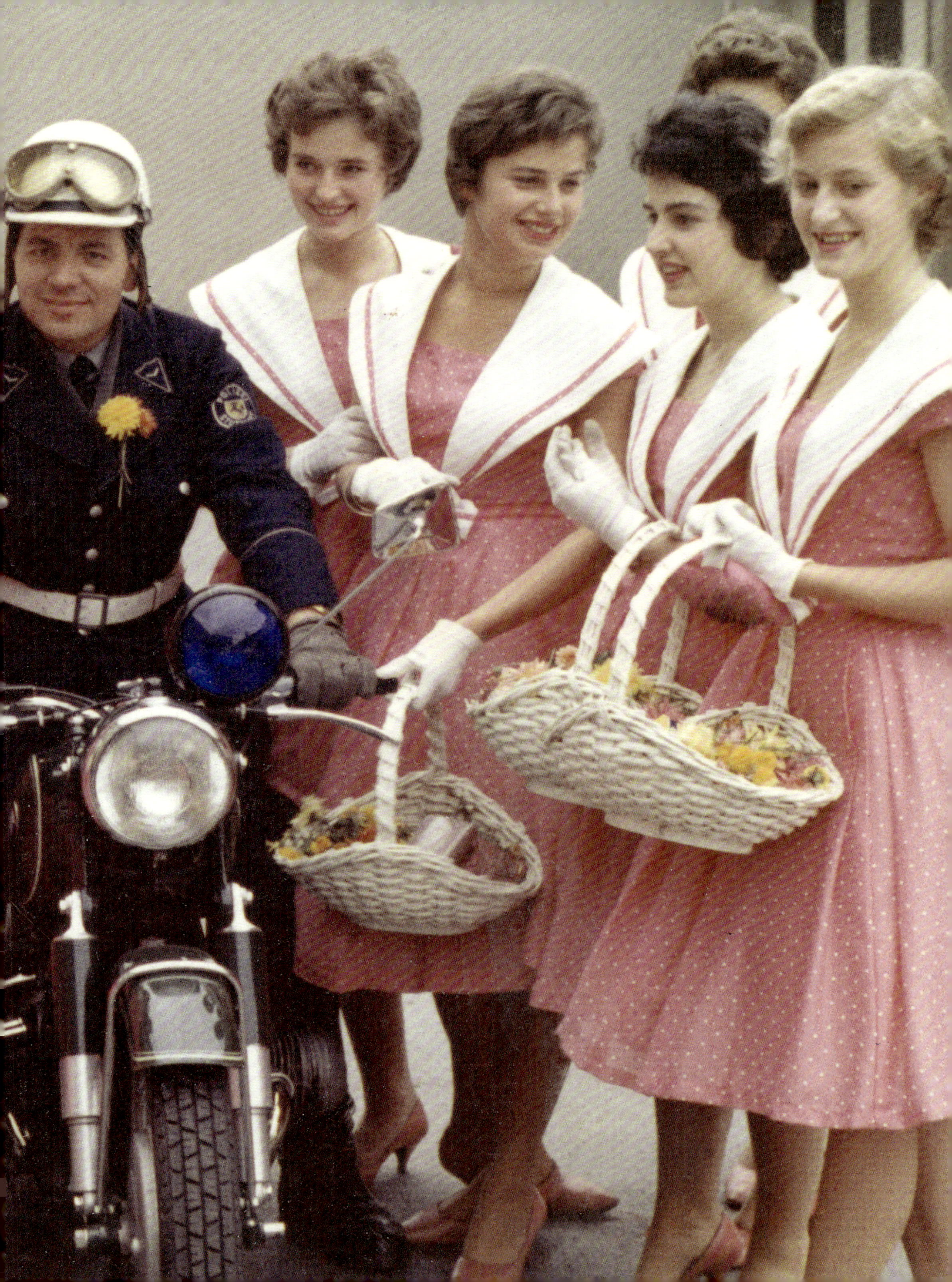

Der erste Kidnapping-Fall in Deutschland

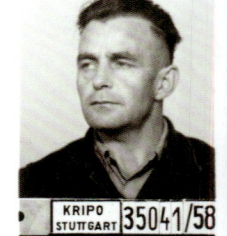

ERKENNUNGSDIENSTLICHE BEHANDLUNG:
Der Täter nach seiner Festnahme.

DIE ENTFÜHRUNG DES SECHSJÄHRIGEN Degerlocher Jungen Joachim Goehner war 1958 der erste Kidnapping-Fall in der bundesdeutschen Kriminalgeschichte und stellte die Stuttgarter Kriminalpolizei vor bislang nicht gekannte Herausforderungen.

15.04.1958 Joachim Goehner läuft gegen 11:15 Uhr aus der elterlichen Villa im Stuttgarter Ortsteil Degerloch, um sich mit einem Spielkameraden zu treffen. Nachdem der Junge trotz intensiver Suche bis 17:00 Uhr nicht nach Hause kommt, erstattet sein Vater bei der Polizei eine Vermisstenanzeige. Durchsuchungen, Fahndungsaufrufe und Radiodurchsagen bleiben erfolglos.

17.04.1958 Kurz nach Mitternacht meldet sich der Entführer telefonisch bei dem Vater und erklärt, dass er das Kind in seiner Gewalt habe und für dessen Freilassung 15 000 DM, für jeden weiteren Tag Verzögerung zusätzlich 5 000 Mark fordere. Für den Fall der Polizeiverständigung droht er mit dem Tod des Kindes.

Die Mordkommission wird unverzüglich mit allen Kräften der Kriminalinspektion I zu einer Sonderkommission zusammengefasst. Das Telefon in der Villa wird überwacht, die Wohnung besetzt, weitere technische Maßnahmen werden eingeleitet. Der 10-jährige Bruder des entführten Jungen wird zeitweilig in der Familie eines Kriminalbeamten untergebracht.

19:00 UHR Der zweite nunmehr überwachte Anruf des Täters wird aufgenommen. Der Vater versucht, das Gespräch in die Länge zu ziehen. Die Feststellung des Anrufortes durch die Post dauert über 10 Minuten, der Anrufer kann an der Telefonzelle nicht mehr gefasst werden.

22:54 UHR Der nächste Anruf erfolgt. Der Täter wird durch ein Knacken in der Leitung irritiert und legt auf.

23:19 UHR Erneuter Täteranruf. Der Erpresser gibt dem Vater den Auftrag, mit dem Geld zur Übergabestelle zu kommen. Mit zwei im Wagen versteckten Kriminalbeamten und dem präparierten Geldpaket wird der Übergabeort angefahren. Das abgelegte Paket wird nicht abgeholt.

22.04.1958 In den Nachmittagsstunden entdeckt ein Arbeiter auf dem Nachhauseweg im Waldgebiet zwischen Sonnenberg und Kaltental die Leiche des gefesselten Jungen.

23.04.1958

02:23 UHR Letzter Telefonanruf des Täters. Da der Vater nach der Todesnachricht nicht mehr in der Lage ist, die Lösegeldübergabe durchzuführen, übernehmen Kriminalbeamte die Aufgabe. Das abgelegte Paket wird nicht abgeholt.

24.04.1958 Die Bevölkerung wird durch Presseaufrufe, Radiodurchsagen und Handzettel intensiv in die Fahndung eingebunden.

30.04.1958 Die Erpresserstimme des Täters wird bundesweit ausgestrahlt. Über 3 000 Hinweise gehen ein.

06.05.1958 Sechs Hinweise deuten auf den 40-jährigen Gärtner Emil Tillmann hin. Bei der Überprüfung seiner Wohnung können Erpresserschnipsel, Lacke, Schnüre, Schreibzeug und Wellpappe gefunden werden, die zweifelsfrei mit der Erpressung in Einklang stehen.

12.05.1958 Nach sechs Tagen gesteht Tillmann die Tat. Er habe seine Freundin heiraten wollen und daher mindestens 20 000 DM benötigt.

23.05.1958 Zwischen zwei Kontrollen in der Polizeihaftanstalt erhängt sich Tillmann gegen 03:40 Uhr in seiner Zelle. Er hinterlässt einen Abschiedsbrief an den Einsatzleiter, Kriminalhauptkommissar Frey, in dem er nochmals seine Alleintäterschaft beschreibt und seine Freundin als Alleinerbin einsetzt.

TATORT HALDENWALD.

bei 7 = Fußspur

René Göhner

Joachim sollte nach Frankfurt

Bulle Krim Frey, kann sich die

Zähne aus beißen.

Telephon

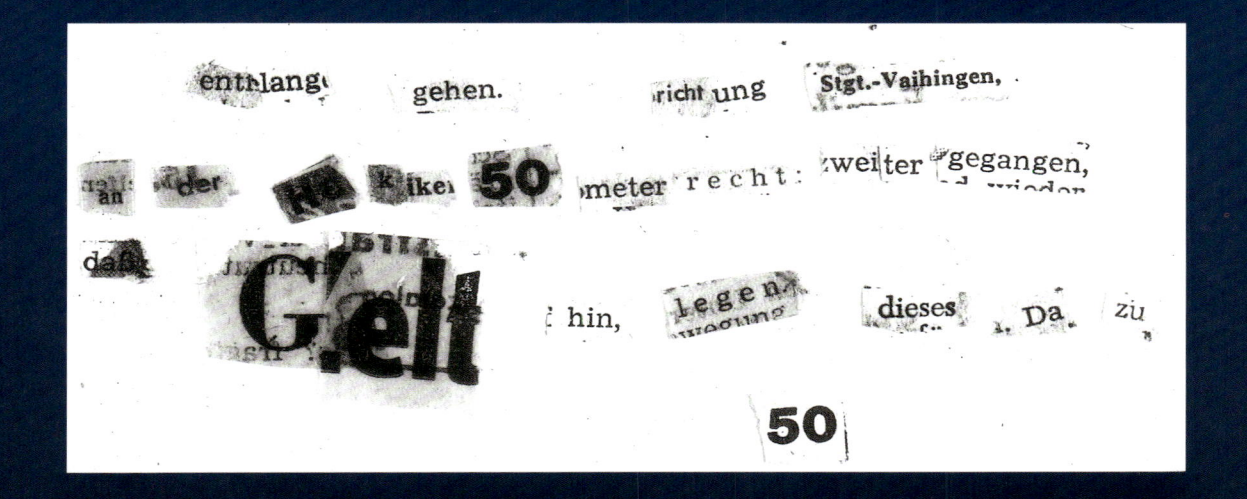

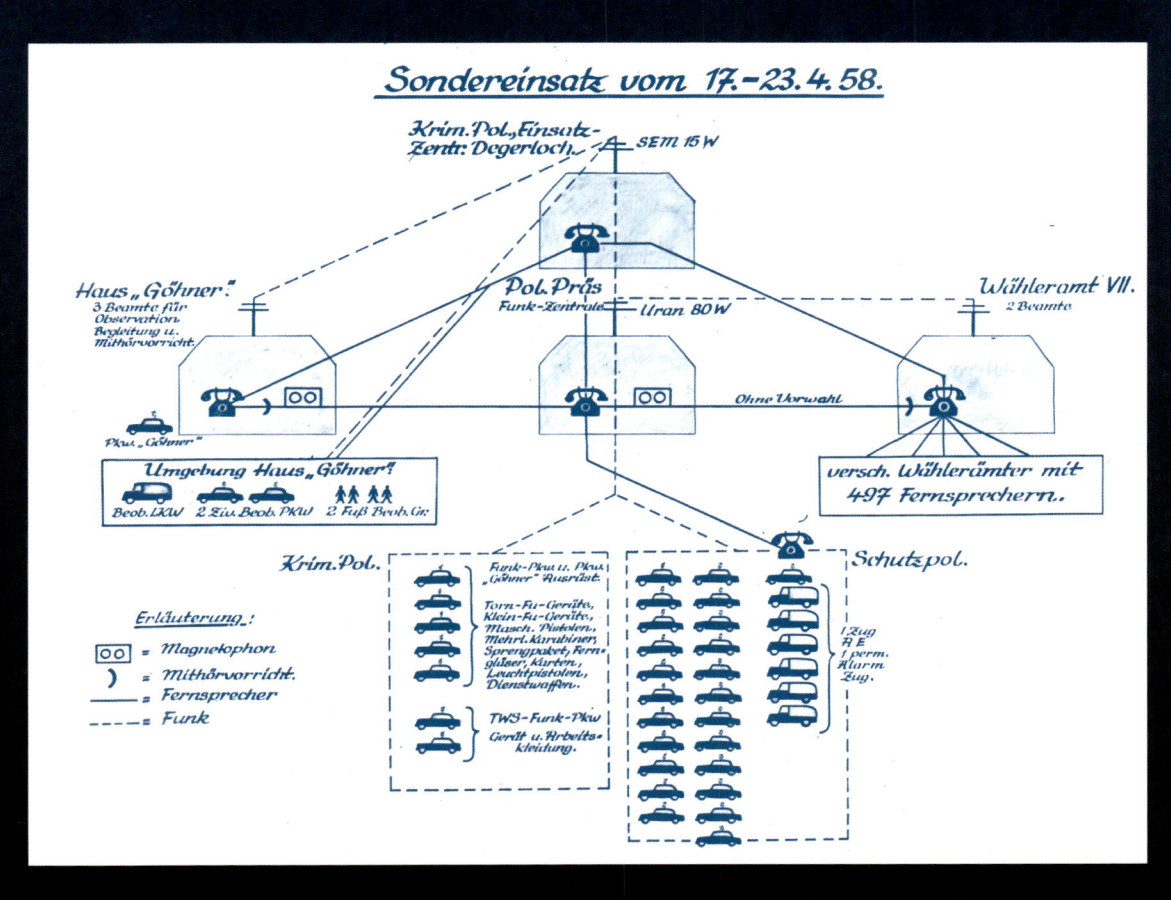

EINSATZPLAN zur Überwachung der Telefonzellen bei Täteranruf.

Das Ende der kommunalen Stuttgarter Polizei

MIT EINER STIMME MEHRHEIT fasst der Stuttgarter Gemeinderat 1972 den Beschluss, die stadteigene Polizei zu verstaatlichen. Aus dem Polizeipräsidium Stuttgart wird zum 1.1.1973 die Landespolizeidirektion Stuttgart II. Zunächst werden an der blauen Uniform nur das Ärmelabzeichen und der Polizeistern an der Mütze ausgetauscht. Zug um Zug prägt nun die ab 1974 eingeführte grüne Uniform der Landespolizei das Stadtbild. 1980 kommt die von dem Modeschöpfer Heinz Oestergard kreierte bundeseinheitliche Polizeiuniform zum Einsatz. Am 7. September 1990 nehmen die ersten uniformierten Schutzpolizistinnen in Stuttgart ihren Dienst auf.

EINSATZHUNDERTSCHAFT DER STUTTGARTER POLIZEI: Die seit 1977 aufgestellte geschlossene Einheit wird bei Verkehrskontrollen, Demonstrationen, Durchsuchungen, Häuserräumungen und Fußballspielen eingesetzt.

NEUBEGINN – VOM KAPITULATIONSCHAOS ZUM WIRTSCHAFTSWUNDER

AUS »BLAU« WIRD »GRÜN«: Sehr schnell verschwanden der Rock und die Kopfbedeckung bei der weiblichen Schutzpolizei. Bereits 1990 wurden die Polizistinnen wie ihre männlichen Streifenpartner uniformiert.

Studentenunruhen, Häuserbesetzungen, RAF-Terrorismus, Friedensbewegung

AUCH DIE STUTTGARTER POLIZEI steht zunächst hilflos und unvorbereitet der Ablehnung von staatlichen Autoritäten durch die sogenannte 68er-Generation gegenüber. 1969 kommt es in Stuttgart beim Ostermarsch erstmals zu tätlichen Auseinandersetzungen zwischen Demonstranten und der Polizei. Es gibt erste Verletzte. Im Amerikahaus, im Amtsgericht und in weiteren Gebäuden werden Scheiben mit Pflastersteinen eingeworfen. Der Vietnamkrieg und die atomare Aufrüstung stehen im Mittelpunkt der Auseinandersetzungen. Die Anschläge der RAF und der Überfall der palästinensischen Terrorgruppe 1972 während der Olympischen Spiele in München führen zu tiefgreifenden Veränderungen in der Stuttgarter Polizei.

DIE 68ER-BEWEGUNG löst in Westdeutschland eine gesellschaftliche Werteveränderung aus. Proteste und teilweise gewalttätige Auseinandersetzungen von linksgerichteten Bürgerbewegungen und Studenten gegen den Vietnamkrieg, die Hochschulgesetzgebung oder gegen die Autoritäten in Staat und Gesellschaft bestimmen nun auch in Stuttgart das Straßenbild.

DIE SÜNDER
E KINDER!

NEUBEGINN – VOM KAPITULATIONSCHAOS ZUM WIRTSCHAFTSWUNDER

**HÄUSERRÄUMUNG IM GERBER-
VIERTEL:** Ende der 1970er-Jahre kam es zu
teilweise massiven Auseinandersetzungen und
personalintensiven Einsätzen bei der Räumung
von besetzten Häusern in der Stadt.

BOSCH
Elektrowerkzeug für Heimwerk
U
Öster-
reichischer
Platz
S-CE 3157

EINSATZHELM der Schutzpolizei für geschlossene Einsätze.

DIE RAF – SCHAUPLATZ STUTTGART

DIE »ROTE ARMEE FRAKTION« (RAF) ist für über zwei Jahrzehnte der Inbegriff von Mord und brutalem Terror in Deutschland. In drei Generationen ermordet sie bis 1993 insgesamt 35 Menschen, mehr als 100 Personen werden von ihr als Geiseln benutzt oder gefangen gehalten. Mit den Verbrechen der RAF beginnt eine beispiellose Ära der politisch motivierten Gewalt, in der die deutsche Nachkriegsgeschichte durch die terroristische Bedrohung nachhaltig geprägt und die Bevölkerung in Angst und Schrecken versetzt wird.

Durch die Verlegung der ersten Generation der RAF in die Justizvollzugsanstalt Stuttgart-Stammheim 1974 wird die Stadt Stuttgart zu einem bedeutenden Schauplatz der strafrechtlichen Auseinandersetzung zwischen dem Staat und den ihn angreifenden Terroristen: Fast zwei Jahre dauert der spektakuläre »Baader-Meinhof-Prozess«, der im Stammheimer »Mehrzweckgebäude« stattfindet und von der Öffentlichkeit mit großem Interesse verfolgt wird. Im sogenannten »Deutschen Herbst 1977« nehmen die inhaftierten Terroristen Baader, Ensslin und Raspe sich das Leben.

All dies ist für die Stuttgarter Polizei mit gewaltigen Herausforderungen verbunden. Sie reagiert mit Augenmaß, angepasst an die jeweilige Gefährdungssituation.

RAF-FAHNDUNGSPLAKAT, 1972.

Der tragische Tod des Iain MacLeod

MITTE JUNI 1972 erreicht die Fahndung nach RAF-Mitgliedern und ihren konspirativen Wohnungen auch in Stuttgart einen dramatischen Höhepunkt. Am Eugensplatz gelingt es Stuttgarter Beamten, das RAF-Mitglied Siegfried Hausner festzunehmen. Sechs Tage später, am Morgen des 25. Juni, stürmt die Polizei die Wohnung des Schotten Iain MacLeod im Asemwald – binnen Sekunden kommt es hier zu einem tragischen Irrtum: MacLeod reißt die Schlafzimmertüre auf, sieht die Polizisten und wirft die Tür reflexartig wieder zu. Der 35-jährige Kriminalobermeister glaubt, Terroristen gegenüberzustehen, feuert mit seiner Maschinenpistole durch die geschlossene Tür und verletzt den Unschuldigen tödlich.

Zu der tragischen Verwechslung kam es, weil MacLeod im Juni 1972 seine Wohnung in der Seidenstraße verlassen, das Türschild zurückgelassen und sich nicht umgemeldet hatte. Die leer stehende Wohnung wurde von RAF-Mitgliedern angemietet, und in einem abgefangenen Kassiber fand sich der Hinweis auf »Mac«. Gemeint war die Wohnung in der Seidenstraße und nicht MacLeod persönlich.

Die linke Szene der Anwälte versucht, den Fall MacLeod auszuschlachten, um den Beweis zu erbringen, dass der Staat gegen unschuldige Bürger vorgehe und sie von der Polizei erschießen lasse. Im Juli 1973 wird das Verfahren gegen den Beamten wegen vermeintlicher Notwehr eingestellt.

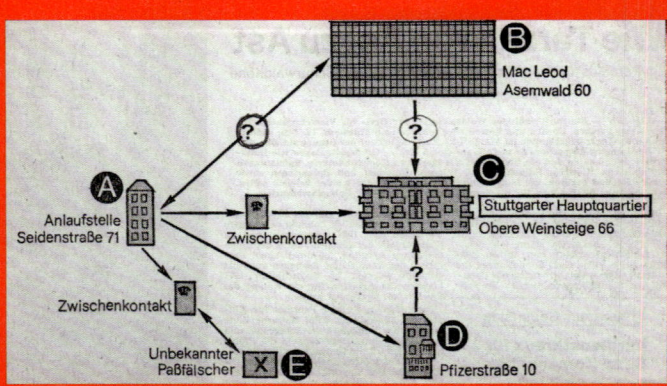

SKIZZE: Trugspur, die den tödlichen Einsatz auslöste.

TATORT ASEMWALD: Spurensicherung in der Wohnung des Iain MacLeod.

»ALS WÄRE ICH SELBST GETROFFEN WORDEN …« 38 Jahre danach berichtet der damals 35-jährige Kriminalobermeister vom Hergang der Ereignisse – und von der Bürde, damit zu leben …

»*Die Erinnerung verblasst nach 38 Jahren immer mehr. Es tauchen nur noch einzelne Fragmente in meinem Kopf auf: Die Einsatzvorbesprechung, die sich am Vorabend bis Mitternacht hinzog. Die Erörterung der LKA-Beamten zur Verdachtslage der drei konspirativen Wohnungen von RAF-Terroristen in Stuttgart. Die angespannte Stimmung war förmlich greifbar: Jeder wusste, es konnte um Leben oder Tod gehen. Ich war dem Objekt Asemwald zugeteilt, das unter der Verantwortung der Stuttgarter Kriminalpolizei stand.*

Es war ein Sonntag, als wir gegen 06:30 Uhr in die Wohnung eindrangen. Mit meinem Trupp war ich verantwortlich für das erste Zimmer rechts vom Eingang. Ich hatte die Maschinenpistole schussbereit im Anschlag, als ich die Türklinke nach unten drücken wollte. Plötzlich wurde die Türe von innen aufgerissen. Reflexartig und vollkommen von der Situation überwältigt habe ich geschossen.

Ich dachte in diesem Moment, ich wäre selbst von einer Kugel getroffen worden. Dann war ich wie erstarrt. Kollegen führten mich zum Wagen und fuhren mich zur Dorotheenstraße 10. Der Kripochef und der Polizeipräsident kümmerten sich persönlich um mich. Es gab keine Vorwürfe. Ich habe auch dem Staatsanwalt einfach erzählt, was passiert ist. Ohne Umschweife, ohne Rechtsanwalt. Das Verfahren wurde eingestellt.

Ich weiß, dass ich einen unschuldigen Menschen getötet habe, durch eine nicht kontrollierte Reaktion, situativ entstanden mit tragischen Folgen. Es gab keine hochtrainierten Einsatzkommandos damals. Das Geschehen verblasst immer mehr. Nur an bestimmten Tagen und Anlässen holt mich die Erinnerung an das tragische Unglück wieder ein. Es gehört zu meinem Leben.«

GRÜNE FAHNDUNGSMÄPPCHEN
mit Bildern und Daten der gesuchten Terroristen gehörten damals zur Standardausrüstung jedes Polizeibeamten.

DIE RAF – SCHAUPLATZ STUTTGART   119

ANDREAS BAADER wird Ende 1974 von Kriminalbeamten in die JVA Stuttgart-Stammheim, 7. Stock, verlegt.

Die Vorphase des Stammheim-Prozesses

IM FRÜHJAHR 1974 werden Gudrun Ensslin und Ulrike Meinhof in die Justivollzugsanstalt Stammheim eingeliefert. Im Herbst folgen Andreas Baader und Jan-Carl Raspe. Diese Zusammenlegung des RAF-Führungsquartetts haben vor allem dessen Anwälte betrieben.

DER 7. STOCK IN DER JVA STAMMHEIM. Zellen der Terroristen Baader, Raspe, Ensslin und Möller in der Nacht des 5. Septembers 1977.

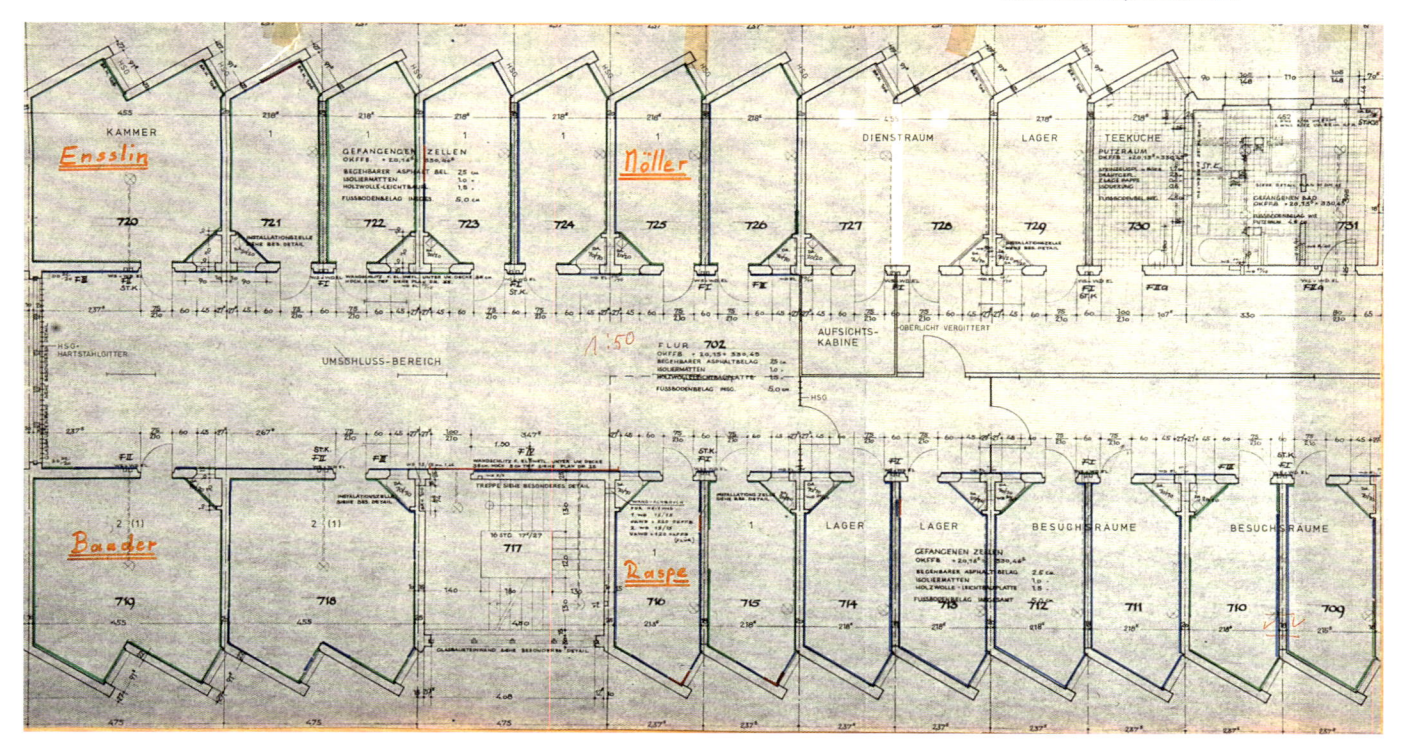

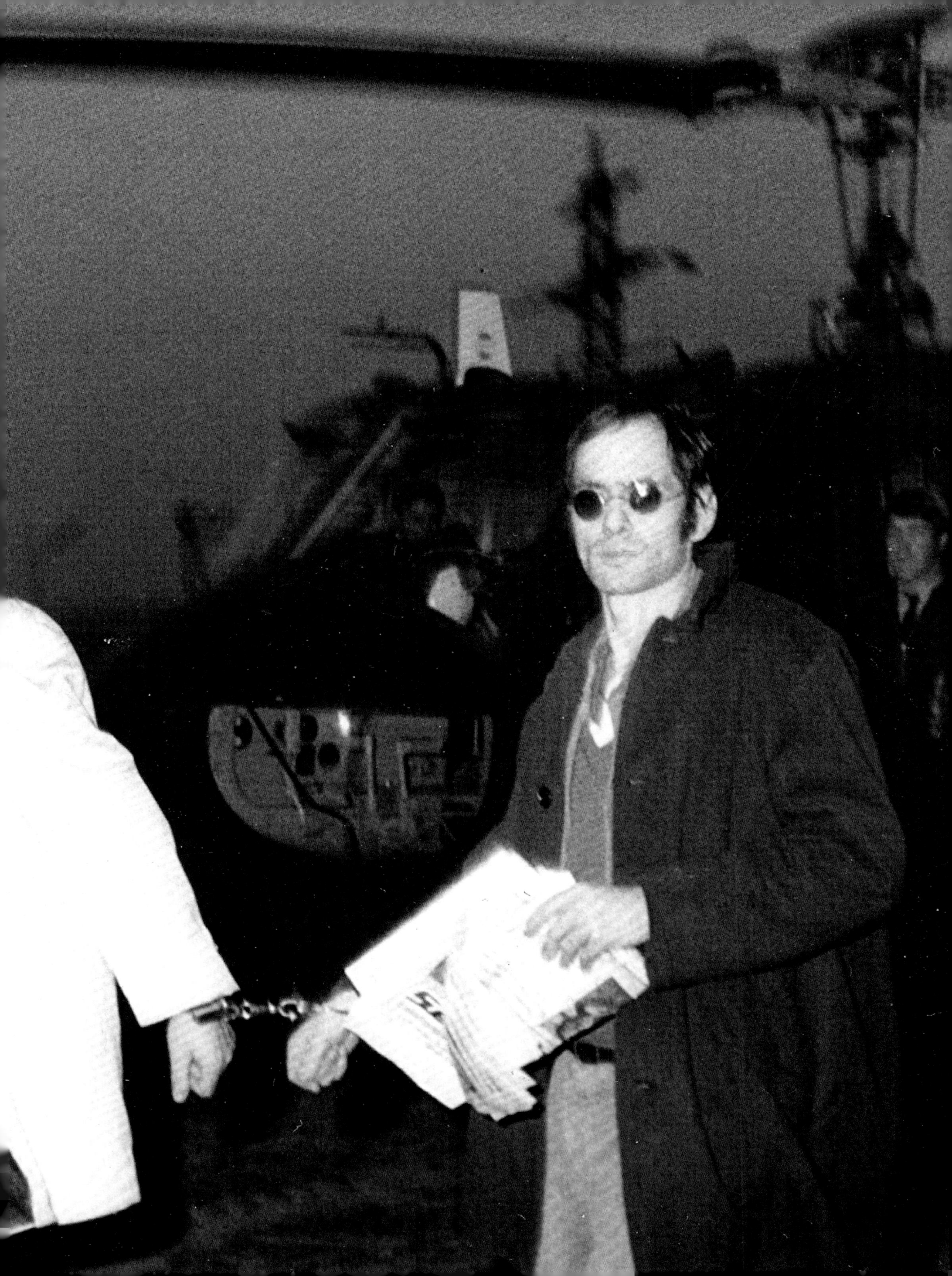

ZELLE
ANDREAS BAADER.

Das Info- und Schmuggelsystem der RAF-Gefangenen …

… ODER DAS MÄRCHEN VON DER ISOLATIONSFOLTER

Eine herausragende Rolle zur Aufrechterhaltung ihrer Verbindungen nach draußen und zu anderen inhaftierten Genossen spielt für die Stammheimer Rädelsführer das »Stuttgarter Büro« der Rechtsanwälte Croissant, Newerla und Müller. Mit Hilfe von »freien Mitarbeitern«, Sympathisanten und RAF-Unterstützern werden die Kommunikation der Häftlinge untereinander koordiniert sowie politische Agitation und Werbung für die RAF betrieben.

Viele dieser »freien Mitarbeiter« des Büros Croissant wechseln im Laufe der Zeit zu den Illegalen in den Untergrund. Die Kassiber werden über die Anwälte des Büros Croissant aus dem Gefängnis befördert und umgehend zu den Illegalen transportiert. Durch sogenanntes »Schütteln« hängt man die Observationskräfte ab. Umgekehrt werden Kassiber von den Illegalen in Verteidigerunterlagen versteckt, um sie danach in die Haftanstalt in Stammheim zu schmuggeln.

Da die Angeklagten im Besitz von identischen Prozessakten sind, die während der Hauptverhandlung oder in der Besucherzelle problemlos ausgetauscht werden können, werden in einen gehefteten Aktenband ein Hohlraum geschnitten, der geschmuggelte Gegenstand eingefügt und die Seiten wieder verklebt. Nachdem der Probelauf mit einer »Minox«-Kamera problemlos verläuft, entsteht ein reger illegaler Transport durch das Anwaltsbüro zu den Häftlingen der RAF und umgekehrt. Zahlreiche Gegenstände wie auch kleine Werberadios und ein leistungsstärkeres Transistorradio finden den Weg in den 7. Stock des Stammheimer Gefängnisses.

Höhepunkt der Schmuggelaktionen ist die Forderung von Baader, Ensslin und Raspe, eine »Knarre« zu beschaffen. Speitel, ein Mitarbeiter der Kanzlei Croissant, beschafft eine Selbstladepistole »Fegyver« nebst Munition und baut die Waffe in Handakten des Verteidigers Arndt Müller ein, der diese auf dem üblichen Weg über das Prozessgebäude in die Zellen der RAF-Häftlinge schmuggelt.

Zumindest in der Zeit vom Spätsommer 1976 bis April 1977 befördern die Croissant-Mitarbeiter eine kleine Menge Sprengstoff, eine weitere Pistole sowie andere Gegenstände, die von den Häftlingen zu Gebrauchsgegenständen (etwa zu einem elektrischen Kochgerät) gemacht oder zum Aufbau einer Gegensprechanlage in deren Stammheimer Gefängniszellen umfunktioniert werden, ins Gefängnis zu den inhaftierten Terroristen.

DIE RAF – SCHAUPLATZ STUTTGART

WAFFEN- UND SPRENGSTOFF-VERSTECKE DER RAF-TERRORISTEN hinter der ausgehöhlten Sockelleiste am Fußboden der Zellen.

DIE RAF – SCHAUPLATZ STUTTGART 125

Das Mehrzweckgebäude (MZG)

AUF DEM GELÄNDE DES GEFÄNGNISSES wird innerhalb eines Jahres eigens für den Terroristenprozess unmittelbar auf der anderen Seite der Gefängnismauer das Gerichtsgebäude errichtet. Sechs Millionen D-Mark müssen aufgebracht werden – darin noch nicht enthalten die Kosten für Sicherheit.

Der damalige Chef der Stuttgarter Schutzpolizei, Günther Rathgeb:

»Als entschieden wurde, der Prozess finde doch in Stammheim statt, fertigte der Stab der Schutzpolizei mit der Kripo und sonstiger Sicherheitsdienste den Entwurf für das Gebäude, der von dem späteren Generalbundesanwalt Rebmann genehmigt wurde. Alle Forderungen hinsichtlich Personalverstärkungen und Ausrüstung wurden erfüllt.«

Oben:
JEAN-PAUL SARTRE besucht, zusammen mit dem Verteidiger Klaus Croissant, die Terroristen, 4.12.1974.

DIE JVA STUTTGART-STAMMHEIM AUS DER VOGELPERSPEKTIVE.
Rechts das Mehrzweckgebäude (MZG), in dem der Prozess gegen die Terroristen geführt wurde.

126 DIE RAF – SCHAUPLATZ STUTTGART

DIE RAF – SCHAUPLATZ STUTTGART

Oberlandesgericht Stuttgart

2. Strafsenat

Tagesordnung
für die

Sitzung vom 26. 8., 27. 8. und 28. 8. 1975

Lfd. Nr.	Angeklagter	Termin Stde.	Straftat	Verteidiger	Aktenzeichen
	Andreas Baader Ulrike Meinhof Gudrun Ensslin Jan-Carl Raspe	9.00	Mordes u.a.	19 Vert.	2 StE (OLG Stgt) 1/74

Mitwirkende:
Vorsitzender: Vorsitzender Richter am OLG Dr. Prinzing
Beisitzer: Richter am OLG Dr. Foth
Richter am OLG Maier
Richter am OLG Dr. Berroth
Richter am OLG Dr. Breucker
Erg. Ri.: Richter am OLG Vötsch
Richter am OLG Dr. Herlich
Richter am OLG Meinhold
Richter am OLG Freuer

Der Prozess

DEMONSTRATION DER RAF-SYMPATHISANTEN vor dem Mehrzweckgebäude.

DER BAADER-MEINHOF-PROZESS beginnt am 21. Mai 1975 vor dem Oberlandesgericht Stuttgart. Er ist geprägt von einem klar definierten Ziel der RAF: Destruktion des normalen Strafverfahrens. Gleichzeitig kommt es der RAF darauf an, die beteiligten Richter und Staatsanwälte durch Anschläge anzugreifen und zu verunsichern:

> »*Wir werden so oft und so lange Sprengstoffanschläge gegen Richter und Staatsanwälte durchführen, bis sie aufgehört haben, gegen die politischen Gefangenen Rechtsbrüche zu begehen [...] Kampf der Klassenjustiz!*«
> BEKENNERSCHREIBEN DER RAF V. 20. 5. 1972 ZUM SPRENGSTOFFANSCHLAG AUF DEN BGH-RICHTER BUDDENBERG.

Drei Wochen nach dem Buback-Attentat, am 28. April 1977, nach knapp zwei Jahren und 142 Verhandlungstagen, verurteilt das Oberlandesgericht Stuttgart die Angeklagten Baader, Ensslin und Raspe wegen mehrfachen vollendeten und versuchten Mordes, Herbeiführen von Sprengstoffexplosionen und Beteiligung an einer kriminellen Vereinigung als Mitglied jeweils zu lebenslanger Freiheitsstrafe. Vertrauensanwalt Schily legt nach der Urteilsbegründung Revision ein.

OTTO SCHILY, Wahlverteidiger der RAF-Terroristin Gudrun Ensslin.

DIE RAF – SCHAUPLATZ STUTTGART

Das Attentat auf Hanns Martin Schleyer am 5. September 1977

DER IN STUTTGART wohnende Arbeitgeberpräsident Dr. Hanns Martin Schleyer fährt nach einer Sitzung des Gesamtverbandes der Metallindustriellen Arbeitgeberverbände in Köln zu seiner dortigen Zweitwohnung. Um 17:28 Uhr biegt das Auto in die Vincenz-Statz-Straße ein. Heinz Marcisz, Schleyers 41-jähriger Fahrer, sitzt am Steuer des ungepanzerten Mercedes 450. Das Begleitkommando folgt in einem Mercedes 280 E und besteht aus den Stuttgarter Polizeibeamten Polizeihauptmeister Reinhold Brändle, 41 Jahre, Polizeimeister Helmut Ulmer, 24 Jahre, und Polizeimeister Roland Pieler, 20 Jahre.

Der Terrorist Stefan Wisniewski fährt mit einem Mercedes rückwärts auf die Fahrbahn und zwingt den Fahrer von Schleyer, abrupt anzuhalten. Das Begleitfahrzeug mit Brändle am Steuer kann nicht mehr rechtzeitig bremsen und fährt auf das Fahrzeug von Schleyer auf.

In diesem Moment eröffnen die Attentäter das Feuer. Insgesamt feuern sie 119-mal auf die Begleiter des Arbeitgeberpräsidenten. Durch die Schüsse werden der Fahrer Marcisz und das Begleitkommando getötet. Polizeimeister Pieler wird von 21 Schüssen, Polizeihauptmeister Brändle von 60 Schüssen und Polizeimeister Ulmer von 26 Schüssen förmlich durchsiebt.

Schleyer wird unverletzt aus dem Wagen gezerrt und in einem VW-Bus in die Wohnanlage Zum Renngraben 8 in Erbstadt-Liblar gebracht, wo die Terroristen ihr prominentes Opfer verstecken und gefangen halten.

TRAUERMARSCH IN STUTTGART
für die bei der Schleyer-Entführung getöteten Polizisten.

REINHOLD BRÄNDLE.   **HELMUT ULMER.**   **ROLAND PIELER.**

Die Selbstmorde der ersten RAF-Generation

BEREITS WÄHREND DES PROZESSES erhängt sich in der Nacht vom 8. auf den 9. Mai 1976 die Terroristin Ulrike Meinhof in ihrer Einzelzelle 719 im 7. Stock der Justizvollzugsanstalt Stuttgart-Stammheim an ihrem Zellenfenster. Dem Selbstmord sind Auseinandersetzungen mit Baader und Ensslin vorausgegangen.

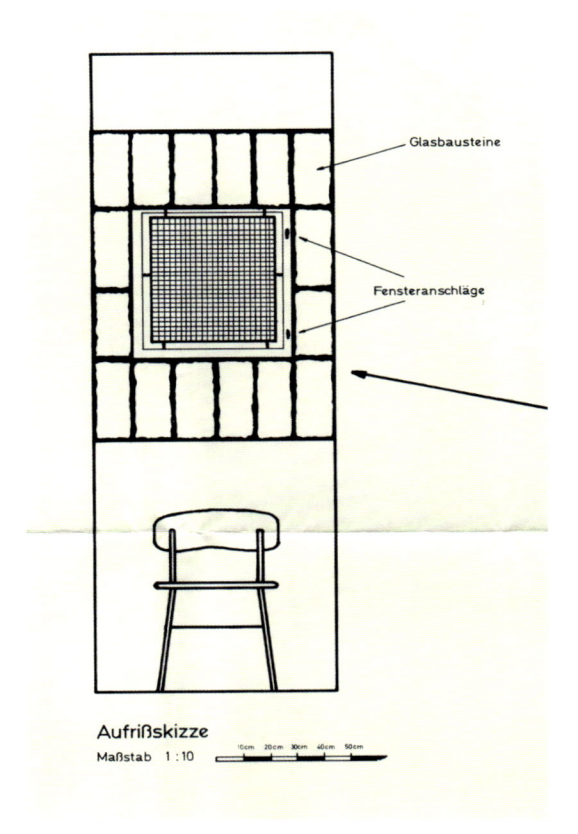

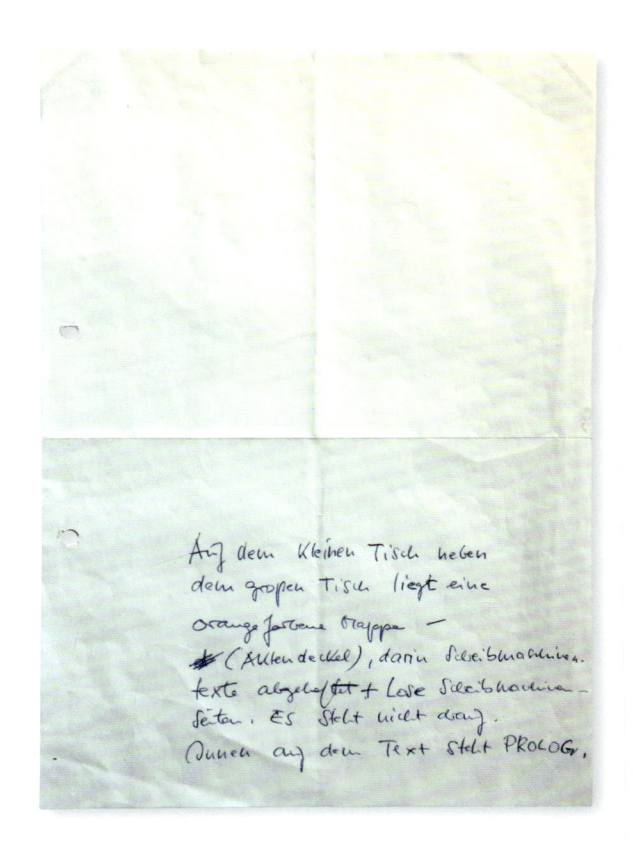

»WENN WIR TOT AUFGEFUNDEN WERDEN, SIND WIR GETÖTET WORDEN« — schrieb Andreas Baader am 7.10.1977 an das Oberlandesgericht. Einen Tag vor ihrem Selbstmord hatte Ensslin Besuch von Geistlichen. Sie wies die Pfarrer auf eine orangefarbene Mappe hin, ohne sie ihnen zu zeigen. Im Falle ihres Todes sollten die Geistlichen dafür sorgen, dass der Inhalt der Mappe, drei Schriftstücke, an das Bundeskanzleramt, den Ensslin-Anwalt und ihre Eltern übergeben werde. Sie hatte die Befürchtung, dass die Bundesanwaltschaft die Schreiben unterschlagen würde. Die Mappe wurde nie gefunden. Es gab sie nach Aussage eines Justizbeamten zwar, aber vermutlich hat Ensslin sie in der Toilette ihrer Zelle verbrannt – wie so vieles.

Oben: **NOTIZ VON GUDRUN ENSSLIN** am Tag vor ihrem Suizid.
Links: **SKIZZE DER KRIMINALTECHNIKER** zum Suizid von Ulrike Meinhof.

WAFFE VON ANDREAS BAADER. **ZELLE ULRIKE MEINHOF.** **ZELLE ANDREAS BAADER.**

»**IM MORGENGRAUEN FIELEN IN STAMMHEIM DIE SCHÜSSE**« So betiteln die »Stuttgarter Nachrichten« am 19. Oktober die Selbstmorde von Andreas Baader, Gudrun Ensslin und Jan-Carl Raspe. Baader und Raspe haben sich in ihren Zellen erschossen. Ensslin hat sich am Fenster ihrer Zelle erhängt. Lediglich Irmgard Möller, die sich Stichverletzungen beigebracht hat, überlebt schwer verletzt.

Die Selbstmorde von Stammheim sollten den Mythos aufbauen, die Gefangenen seien ermordet worden. Die Toten sollten zum Symbol für die Reaktion des »faschistischen Staates« werden und so eine Rechtfertigung für weitere Aktionen bieten.

Der Anstaltsleiter und sein Vertreter wurden abgelöst, der Justizminister und der Innenminister von Baden-Württemberg mussten zurücktreten.

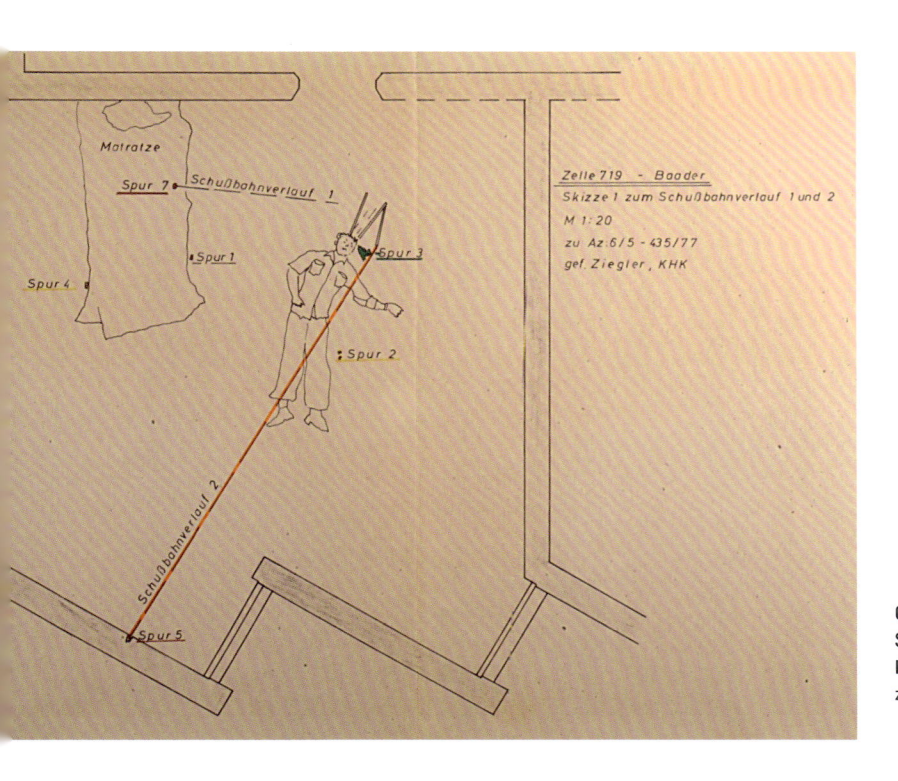

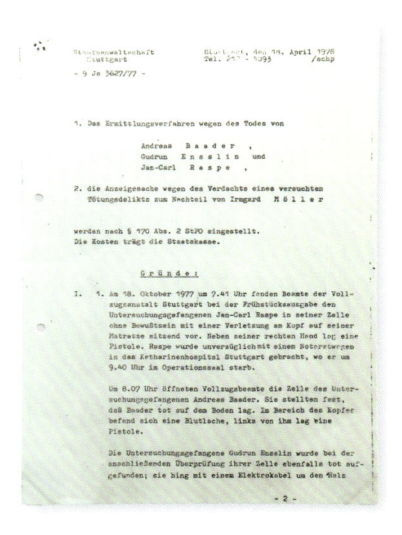

Oben: EINSTELLUNGSVERFÜGUNG der Staatsanwaltschaft Stuttgart.
Links: ZELLE 719: Skizze der Kriminaltechniker zur Schussverlaufsbestimmung von Andreas Baader.

DIE RAF – SCHAUPLATZ STUTTGART

Das Gemeinschaftsgrab auf dem Dornhaldenfriedhof

ALS AM 20. OKTOBER 1977 die Entscheidung des Stuttgarter Oberbürgermeisters Rommel bekannt wird, dass die drei toten Terroristen auf dem Dornhaldenfriedhof in nebeneinanderliegenden Gräbern bestattet werden sollen, brandet ein wilder Streit in der Stadt auf. Günther Rathgeb:

> »In der Stadt herrschte eine fürchterliche Angst und Stimmung. Die Vollkontrolle der Besucher nach der Beerdigung war lückenlos und führte zur Identifizierung eines großen Teils der Sympathisantenszene. Abgesehen von kleinen Scharmützeln blieb es in Stuttgart ruhig.«

Das Maß ist voll, Herr Rommel!

Mit Ihrer Haltung im Fall Peymann haben Sie bewiesen, daß Sie bereit sind, die Gefühle der Mehrheit der Bürger unserer Stadt zu mißachten, um den Beifall einer Minderheit zu erhalten.

Niemand streitet Ihnen, Herr Oberbürgermeister, das Recht auf eigene Ansichten ab.

Sie sind jedoch nicht in der Lage, private Meinungen vom verantwortungsvollen Amt des Oberbürgermeisters zu trennen.

Vor Ihrer Wahl versprachen Sie, die Interessen aller Bürger zu vertreten.

Sie haben Ihr Versprechen gebrochen.

Ihre Haltung gegenüber der Schaffung einer Wallfahrtsstätte für radikale Mörder und Verbrecher auf dem Stuttgarter Waldfriedhof zeigt, daß Sie dem Amt eines Stuttgarter Oberbürgermeisters nicht würdig sind.

Niemand wollte Sie je als Sympathiesanten oder Helfer linksradikaler Mörder einstufen.

Mit Ihrer Haltung haben Sie gezeigt, daß Sie aus diesem Grunde als Oberbürgermeister nicht mehr länger tragbar sind.

<u>WIR WOLLEN KEINE MÖRDER ALS MÄRTYRER!</u>

Ihr Parteifreund Bender nahm deshalb seinen Hut.

Auch Ihnen sei das Gleiche empfohlen.

Sicherlich wird es in unserem Staat einen Ort geben, wo Ihre Fähigkeiten einen Platz finden, ohne Schaden anzurichten.

Ziehen Sie die Konsequenz aus Verantwortung - denn das Maß ist voll, Herr Rommel.

Für alle enttäuschten, verantwortungsbewußten
Bürger der Stadt Stuttgart
Karl Pill

Oben: **DIE ENTSCHEIDUNG** des Oberbürgermeisters Rommel, die Terroristen Baader, Ensslin und Raspe in einem Gemeinschaftsgrab zu beerdigen, führte zu heftigen Kontroversen in Stuttgart.
Links: **DEMONSTRATIONEN** und gewalttätige Auseinandersetzungen rund um die Beerdigung der Terroristen am 27. Oktober 1977 in der Innenstadt.

DAS BEGRÄBNIS der Terroristen Baader, Raspe und Ensslin auf dem Dornhaldenfriedhof wurde von gewalttätigen Demonstrationen der RAF-Sympathisantenszene begleitet.

Die Reaktion des Staates

DIE POLITIK REAGIERT: Die Polizei wird verstärkt, großkalibrige Waffen werden angeschafft, die Schießausbildung reformiert, Einsatzanzüge, Schutzhelme, Schutzschilde und moderne Schlagstöcke eingeführt. 1974 wird bei der Stuttgarter Polizei ein mobiles Einsatzkommando und 1977 eine Einsatzhundertschaft aufgestellt. Die in den 1980er-Jahren beginnenden Häuserbesetzungen und die sie begleitenden, teilweise gewalttätigen Demonstrationen, die sich bis in die 1990er-Jahre hinziehen, fordern die Stuttgarter Polizei. Auch die amerikanische Kommandozentrale EUCOM in Stuttgart Vaihingen ist Schauplatz heftiger Auseinandersetzungen.

SCHLAGSTOCK.

ÜBUNG MIT PEPPERFOG-GERÄT.

MASCHINENPISTOLE HK MP5
HERSTELLER: Heckler & Koch, Oberndorf
TYP: MP 5 A3 mit ausziehbarer Schulterstütze
KALIBER: 9 x 19 mm

Das Ende der RAF

DIE RAF — wie sie im Sprachgebrauch allgemein bezeichnet wurde — hat sich im April 1998 aufgelöst und ist mittlerweile zu einer Episode in der Nachkriegsgeschichte geworden. Gleichwohl sind Begriffe wie »der Deutsche Herbst« 1977, die »Schleyer-Entführung«, die »Baader-Meinhof-Bande«, die »Befreiung in Mogadischu« oder »Stammheim« heute fester Bestandteil in der Sprache und in den Köpfen der Menschen in Deutschland — nicht nur bei den Zeitzeugen der damaligen Ereignisse, sondern auch bei der jungen Generation.

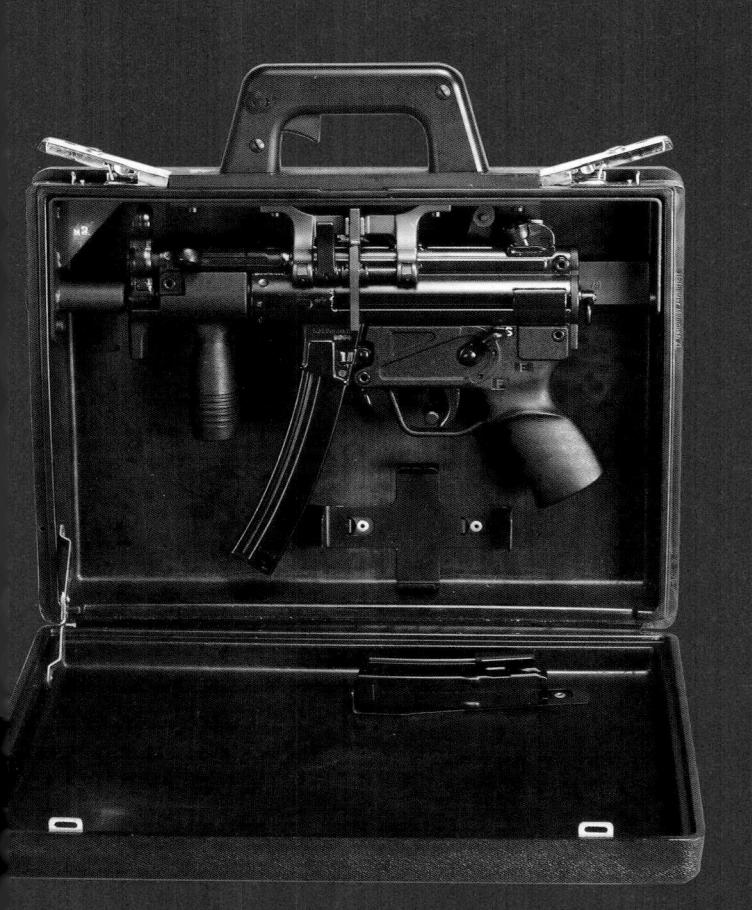

FÜR DIE PERSONENSCHÜTZER des PP Stuttgart sowie weitere Sondereinheiten wie z. B. GSG 9 oder MEK wurden für das verdeckte Mitführen der Maschinenpistole spezielle Koffer entwickelt.

MASCHINENPISTOLE HK MP5
HERSTELLER: Heckler & Koch, Oberndorf
TYP: MP 5 kurz im Schießkoffer
KALIBER: 9 x 19 mm

Mord auf dem Polizeirevier

ALS DER 21-JÄHRIGE POLIZEIMEISTER Peter Blaschke seine Frühschicht beim 1. Polizeirevier in der Schmalen Straße antritt, ahnt er noch nicht, dass dies sein letzter Dienst sein wird: Ein außer Rand und Band geratener betrunkener Antiquitätenhändler tritt wegen einer vor Stunden vorgenommenen Blutentnahme seinen Rachezug an, feuert im Wachraum auf einen Polizisten und verletzt diesen schwer. Der zu Hilfe eilende Blaschke hat keine Chance, er wird von dem rachsüchtigen Täter erschossen. Die Alarmierung der Polizeifunkzentrale durch die Ehefrau kommt Sekunden zu spät, der Beamte stirbt wenige Stunden später.

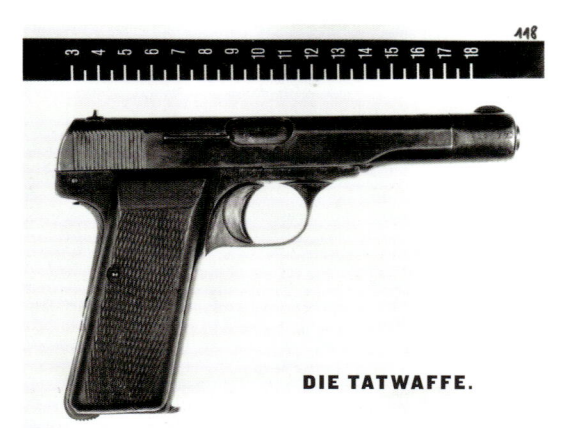

DIE TATWAFFE.

6. 11. 1977

05:00 UHR Beamten der Nachtschicht des I. Polizeireviers fällt am Sonntag ein 45-jähriger, Schlangenlinien fahrender Autofahrer am Leonhardsplatz auf.

06:00 UHR Der 21-jährige Polizeimeister Peter Blaschke tritt beim I. Polizeirevier seinen Frühdienst an.

06:30 UHR Nach Blutentnahme und Beschlagnahme des Führerscheins geht der 45-Jährige zunächst in sein Büro im Stuttgarter Westen und bewaffnet sich mit einem Gewehr und einer Pistole.

07:55 UHR Der betrunkene Antiquitätenhändler kommt in seine Wohnung in der Rotebühlstraße, bedroht seine Frau mit dem Gewehr und fordert sie auf, ihn zur Polizei zu fahren, weil er vier Polizisten erschießen wolle. Der Frau gelingt die Flucht in die Nachbarwohnung.

08:05 UHR Joseph S. fährt bewaffnet mit Gewehr und Pistole zum I. Polizeirevier in die Schmale Straße. Als die Ehefrau ihren Mann mit dem Wagen wegfahren sieht, ruft sie die Notrufzentrale der Polizei an und warnt: »**MEIN MANN FÄHRT ZUM I. POLIZEIREVIER UND WILL POLIZEIBEAMTE ERSCHIESSEN; MIT SEINEM PKW DAF.**«

08:10 UHR Parallel zu diesem Anruf betritt der Täter den Wachraum des I. Polizeireviers und schießt vom Tresen ohne Vorwarnung auf den Wachhabenden. Das Projektil dringt in die Hand des Polizeiobermeisters ein und wirft ihn zu Boden. Peter Blaschke rennt in den Wachraum und wird sofort von zwei Schüssen in das Kniegelenk und den Bauch niedergeschossen. Es gelingt ihm noch, zwei Schüsse auf den 45-Jährigen abzugeben, die aber lediglich mittelschwere Verletzungen nach sich ziehen.

08:11 UHR Vom I. Polizeirevier wird ein Funknotruf abgesetzt: »**ÜBERFALL, ÜBERFALL!**«

Der Täter war Mitglied eines Schützenvereins und hatte die Waffen legal im Besitz. Er wurde zu einer Freiheitsstrafe von 15 Jahren wegen versuchten und vollendeten Mordes verurteilt.

Der »Hammermörder«

ALS AM 22. OKTOBER 1985 am Strand von Brindisi/Italien die Leichen des 34-jährigen Polizeiobermeisters Norbert Poehlke und seines vierjährigen Sohnes gefunden werden, endet eine der rätselhaftesten und grausamsten Mordserien der Bundesrepublik. Über ein Jahr hat eine 90-köpfige Sonderkommission fieberhaft 4 482 Spuren verfolgt, ihre Ermittlungsergebnisse füllen 242 Ordner. Sechs Menschen wurden kaltblütig erschossen und vier Banken überfallen. Dass sich hinter dem Phantom des Serienmörders ein scheinbar unauffälliger Stuttgarter Polizeibeamter der Diensthundeführerstaffel und Familienvater verbirgt, erschüttert die Stuttgarter Polizei in ihren Grundfesten.

03. 05. 1984 In Marbach, Landkreis Ludwigsburg, beginnt eine aufsehenerregende Mordserie. Am

21. 12. 1984 schlägt derselbe Täter auf einem Parkplatz, wieder im Landkreis Ludwigsburg, zu. Zu einem dritten Mord kommt es am

22. 07. 1985 auf einem Waldparkplatz in der Nähe von Heilbronn. Diese Verbrechen führen zu einer großen Unruhe bei der Bevölkerung. Der Täter erschießt seine ahnungslosen Opfer auf abgelegenen Parkplätzen mit einer Pistole Walther P 5. Anschließend fährt er mit den Fahrzeugen der Ermordeten davon und überfällt drei Banken. Mit einem Vorschlaghammer zertrümmert er die Sicherheitsverglasung in den Schalterräumen der Geldinstitute und raubt insgesamt 94 470 DM.
Da das Modell der Tatwaffe bei der Polizei als Dienstpistole verwendet wird und die Banküberfälle bei Schichtwechsel der Dienstgruppen (ca. 12:30 Uhr) stattgefunden haben, werden alle in den Landkreisen Heilbronn, Rems-Murr und Ludwigsburg wohnhaften Polizeibeamten überprüft, die in den tatrelevanten Zeiten dienstfrei hatten. Nachdem Poehlke nicht in das nach Zeugenaussagen erstellte Täterprofil passt, scheidet er als Verdächtiger zunächst aus.

27. 09. 1985 Gegen 14:00 Uhr betritt ein mit einer Schildmütze bekleideter Mann die Schalterhalle einer Filiale der Raiffeisenbank in Rosenberg/Ostalbkreis. Er bedroht einen Kunden mit einer Pistole und lässt sich vom Kassierer 10 680 DM in einer Plastiktüte geben. Anschließend flüchtet er mit dem Fahrzeug des Kunden. Ein Phantombild zeigt eine verblüffende Ähnlichkeit mit Poehlke.

28. 09. 1985 Im Rahmen einer Terroristenfahndung werden in einem Schließfach im Bahnhof Ludwigsburg Uniformteile, eine Gerichtsladung für Poehlke und die leere Verpackung einer Sturmhaube gefunden. Das Wohnhaus von Poehlke wird observiert.

28. 09. 1985 Nachdem der Polizeibeamte gegen Abend nach Hause kommt, erfolgt umgehend seine Vernehmung bei der »SOKO Hammer«, die am nächsten Tag fortgesetzt wird. Bei der Alibiüberprüfung zu den Tatzeiten macht er Erinnerungslücken geltend. Fingerabdrücke werden genommen. Da Poehlke den Tatverdacht abschwächen kann, wird er nach der Vernehmung wieder auf freien Fuß gesetzt. Die Observation des Verdächtigen wird abgebrochen.

14. 10. 1985 Poehlke meldet sich krank. Seine Frau entschuldigt ihren Sohn in der Schule wegen Krankheit.

21. 10. 1985 Im Rahmen der Untersuchung sämtlicher Pistolen vom Typ Walther P5 der baden-württembergischen Polizeibeamten beim BKA wird die Dienstwaffe Poehlkes durch einen Hülsenvergleich mit den an zwei Tatorten aufgefundenen Hülsen als Tatwaffe identifiziert.

21. 10. 1985 Die in der Nachbarschaft lebende Mutter von Poehlke meldet ihren Sohn und seine Familie als vermisst. Bei der sofortigen Überprüfung des Wohnhauses von Poehlke werden seine Ehefrau, die im 3. Monat schwanger war, und sein 7-jähriger Sohn ermordet in der Wohnung aufgefunden. Gemäß gerichtsmedizinischen Untersuchungen wurden die beiden bereits um den 14.10.1985 erschossen. Poehlke verlässt an diesem Tag sein Wohnhaus mit seinem kleinen Sohn und seinen Diensthunden. Er fährt nach Italien.

22. 10. 1985 Passanten finden am Strand von Brindisi/Italien in dem geparkten Pkw von Polizeiobermeister Norbert Poehlke die Leichen der beiden Vermissten. Die Waffe, mit der er sechs Menschen erschossen hat, hält Poehlke noch in seiner linken Hand.

Chronologie eines Amoklaufs

EINE ALLTÄGLICHE FAHNDUNG wird plötzlich zu einer Begegnung mit dem Tod: Ein abgelehnter Asylbewerber gerät in Panik und sticht mit einem Bajonett innerhalb weniger Sekunden fünf Polizeibeamte nieder. Das furchtbare Geschehen auf der Gaisburger Brücke endet mit dem Tod von zwei Polizisten, zwei weitere ringen mit dem Tod und überleben. Der entfesselte Amokläufer wird von drei Schüssen aus der Waffe des überlebenden Polizeimeisters H. tödlich verletzt.

08. 08. 1989

06:14 UHR Der Asylbewerber Frederic Otomo wird irrtümlicherweise bei einer Fahrausweisüberprüfung in der Straßenbahn festgehalten. Er gerät in Panik, reißt sich los und flüchtet. Eine Funkfahndung mit folgendem Inhalt wird abgesetzt:

»HIER URAN MIT EINER PERSONENFAHNDUNG AN DIE KRÄFTE IM BEREICH OST. NACH KÖRPERVERLETZUNG AN FAHRAUSWEISPRÜFER DER LINIE 9 WANGENER-/LANDHAUSSTRASSE WIRD GESUCHT EIN GROSSER KRÄFTIGER NEGER MIT BLAUER ARBEITSKLEIDUNG, ZULETZT GESEHEN BEIM SCHLACHTHOF. BEI ANTREFFEN EINER SOLCHEN PERSON KONTROLLE UND NACHRICHT NACH HIER BZW. AN DAS REVIER HORNBERGSTRASSE.«

09:07 UHR Zwei Beamte der Verkehrsüberwachung sehen Otomo in Richtung Gaisburger Brücke laufen. Da die Besatzung mit einem anderen Auftrag beschäftigt ist, wird ein Fahrzeug vom zuständigen Revier angefordert.

09:12 UHR Beim Eintreffen des Revierfahrzeugs unterhält sich bereits Polizeiobermeister Quast mit Otomo und erklärt ihm den Grund des Einschreitens. Fünf Beamte stellen sich im Halbkreis um den Mann, der vermeintlich ohne Ticket in der Straßenbahn unterwegs war und jetzt mit dem Rücken am Geländer lehnt.

09:17:41 UHR Plötzlich explodiert die augenscheinlich friedliche und aggressionsfreie Situation, als die Beamten den Mann in den Streifenwagen bringen wollen.

»JA, DER LEISTET HIER WIDERSTAND SOEBEN, WIR KOMMEN TROTZDEM AUF DAS REVIER.«

Ein plötzlicher Fluchtversuch kann nach wenigen Metern von den Beamten vereitelt werden. Als vier Beamte den Mann festzuhalten versuchen, dreht er sich plötzlich um und sticht mit einem in einer Zeitung versteckt unter dem Arm getragenen Bajonett auf die Beamten ein. Der schwerverletzte Polizeiobermeister Poppe zieht sofort die Schusswaffe und trifft den Täter mit zwei Schüssen. Anschließend schleppt sich der Beamte in den Polizei-Bus. Der schwerverletzte Täter setzt jedoch seine Flucht fort, obwohl Polizeiobermeister Quast ihn aufhalten will. Dieser kann zwar noch seine Waffe ziehen, wird aber augenblicklich von einem Herzstich tödlich verletzt. Der auf dem Boden kniende schwerverletzte Polizeimeister H. gibt auf den Täter drei Schüsse ab, wovon einer tödlich trifft.

09:17:56 UHR »DRINGEND NOTARZT ZUR GAISBURGER BRÜCKE, MEHRERE KOLLEGEN DURCH BAUCH… ZWEI NOTÄRZTE, DER NEGER IST JETZT WAHRSCHEINLICH TOT, ERSCHOSSEN.«

KOMMENTAR

Auch in Deutschland wurde der Begriff »Neger« spätestens seit den 1970er-Jahren als rassistisch und abwertend verstanden. Trotzdem war die Bezeichnung Ende der 1980er-Jahre noch nicht aus der Alltagssprache der Menschen verschwunden.

UMSCHLAG des Erpresserschreibens.

Der Telefonzellenbomber

MIT BRUTALEN BOMBENANSCHLÄGEN in Stuttgarter Telefonzellen hält ein sexuell gestörter 35-jähriger Elektronikspezialist die Stuttgarter Polizei über Jahre in Atem. Erst der »Kommissar Zufall« und die Weiterentwicklung der Kriminaltechnik mit der Nutzbarmachung wissenschaftlicher Erkenntnisse in Form des »genetischen Fingerabdrucks« bringen den Täter ins Gefängnis.

30. 04. 1995
16:00 UHR Als der 19-jährige Bajram G. die Telefonzelle am Pragsattel betritt, bemerkt er eine weiße Plastiktüte, auf der eine Zigarettenschachtel liegt. Beim Berühren kommt es zur Explosion. Bajram G. zerreißt es das Trommelfell, und er wird an Oberkörper und Gesicht leicht verletzt.

18. 10. 1996
18:20 UHR Karin R., eine 20-jährige Auszubildende, möchte am Freitagabend in der Telefonzelle Am Kräherwald/Feuerbacher Heide telefonieren. Als sie eine auf einem Eierkarton liegende Geldbörse berührt, kommt es zur Explosion. Die junge Frau wird im Bereich des Oberkörpers und des Gesichtes verletzt. Beide Trommelfelle sind gerissen.

09. 12. 1996 Bei der Stuttgarter Polizei geht ein Bekennerschreiben »Hallo Freunde« ein. Der Schreiber schildert detailliert die beiden Explosionen und den Aufbau der Bomben einschließlich Schaltung und Zündung. Eine dritte Bombe sei bereits fertiggestellt und würde in einer U-Bahn in der Nähe des Hauptbahnhofs abgestellt werden. Die Forderung über 300 000 DM und die Art und Weise der Kontaktaufnahme werden ebenfalls mitgeteilt. Dann bricht der Erpresser den Kontakt plötzlich ab.

14. 09. 1998
14:25 UHR Ein auf ca. 50 Jahre geschätzter Mann gibt einem Aufsichtsbeamten der S-Bahn am Hauptbahnhof eine Plastiktüte in die Hand und entfernt sich. Die Tüte enthält eine Rohrbombe mit Kabel, Wecker und Batterien. Beamte des Landeskriminalamtes entschärfen den Sprengkörper. Die Fahndung nach dem Unbekannten wird erfolglos abgebrochen.

12. 10. 2001 In einer Klinik in Erlangen geht eine anonyme E-Mail ein, in der der Verfasser darauf hinweist, dass er wegen einer verweigerten Operation »als Sextourist in arme Lände [sic!]« fahre. Dort hätte er auch schon Mädchen zusammengeschlagen, da sie auch gegen Geld seine sexuellen »Wünsche« abgelehnt hätten.

16. 11. 2001 Die Ermittlungen wegen Verdachts des sexuellen Missbrauchs führen zu dem 36-jährigen Wilfried K.

23. 05. 2002 Eine in diesem Zusammenhang abgenommene Speichelprobe zur DNA-Erfassung identifiziert ihn als Spurenverursacher im Fall der Telefonzellenanschläge und des Erpressungsversuchs.

24. 05. 2002
06:00 UHR Wilfried K. wird festgenommen und gesteht die Anschläge. Als Motiv für die Erpressung gibt er an, dass er das Geld für eine Operation seiner Trichterbrust benötigt hätte. Zur Vorbereitung der Geldübergabe baute er ein grundsätzlich funktionstüchtig konstruiertes unbemanntes Mini-Unterwasserboot, mit dem das Geld von ihm quer über den Bodensee auf dessen schweizerische Seite gebracht werden sollte. Letzlich scheiterte die Erpressung an den nicht umsetzbaren Geldübergabemodalitäten.

27. 11. 2003 Der Elektroniker Wilfried K. wird wegen mehrfachen versuchten Mordes in Tateinheit mit dem Herbeiführen einer Sprengstoffexplosion und versuchter räuberischer Erpressung zu einer Freiheitsstrafe von zwölf Jahren mit anschließender Sicherungsverwahrung verurteilt.

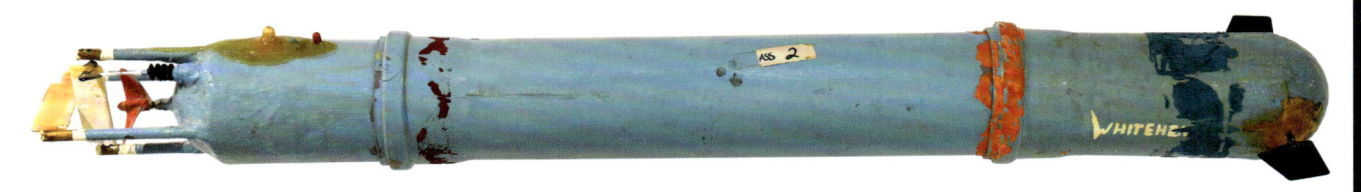

MINI-UNTERWASSERBOOT zum Transport der Erpressersumme.

DIENSTMÜTZE der
Polizei Baden-Württemberg
ab 2010.

NEUE HERAUSFORDERUNGEN AUF DEM WEG INS 21. JAHRHUNDERT

FÜR STAAT UND GESELLSCHAFT war der Übergang vom 20. ins 21. Jahrhundert von großen Umwälzungen geprägt: Der Fall des Eisernen Vorhangs ermöglichte die Wiedervereinigung Deutschlands und ein neues Zusammenwachsen von West- und Osteuropa. Gleichzeitig erschütterte der Bürgerkrieg im ehemaligen Jugoslawien den Balkan und trieb viele Kriegsflüchtlinge vor allem nach Deutschland. Das Schengener Abkommen ermöglichte den Bürgern das Reisen ohne stationäre Grenzkontrollen innerhalb des Schengen-Raums. In der Bundesrepublik ist eine moderne, weltoffene und zunehmend säkular geprägte Industriegesellschaft entstanden, in der ein wachsender Teil sich von den konservativen Werten und Normen abwendet und in die immer mehr verschiedene Ethnien und Kulturen integriert werden müssen. Mit der teilweise unkontrollierten Einreise Hunderttausender Migranten im Jahr 2015 erreichte die Zahl der Zuwanderer einen bislang nie dagewesenen Höhepunkt. Die digitale Revolution, Hand in Hand gehend mit der zunehmenden Globalisierung, veränderte und verändert Zug um Zug Arbeitsleben, Konsum- und Kommunikationsverhalten der Menschen auf der gesamten Welt.

All diese Änderungen sind für die Polizei mit völlig neuen Herausforderungen verbunden – auch in der Landeshauptstadt: Errungenschaften wie die EU, das Schengener Abkommen und die digitale Revolution haben nicht nur den gesetzestreuen Bürgern, sondern auch den lokal und weltweit agierenden Kriminellen eine Vielzahl an neuen »Möglichkeiten« beschert. Deliktbereiche wie Schleuserkriminalität, Cyberkriminalität, Wohnungseinbrüche, Rauschgiftkriminalität, Gewaltkriminalität, Sexualverbrechen und die Bedrohungslage des politischen Extremismus erfordern deshalb in deutlich höherem Maße Personal- und Sachaufwand durch die Schutz- und Kriminalpolizei.

Immer öfter sind Alkoholexzesse in einer multikulturellen, konsum- und freizeitorientierten Event- und Jugendszene mit aggressivem Widerstand gegen die einschreitenden Beamten verbunden. Die »Mercedes-Benz Arena« wird immer wieder zum Ort von Gewaltausbrüchen verfeindeter Fangruppierungen, sogenannter Ultras. Hundertschaften von Polizisten müssen friedliche Fußballfans vor Schlägereien entfesselter »Hooligans« schützen. Gesellschaftliche Auseinandersetzungen, die in Bürgerprotest münden, verlangen der Polizei seit den 1980er-Jahren komplett neue Strategien für die Einsatzbewältigung ab – vom »gewaltfreien Wegtragen«, das in der Friedensbewegung seinen Anfang nahm, über Häuserräumungen bis hin zum Umgang mit militanten Tierschützern, Blockaden bei Atommülltransporten oder den Demonstrationen der Stuttgart-21-Gegner.

Um für Einsätze wie den schrecklichen Amoklauf in Winnenden gewappnet zu sein, mussten die Schießausbildung der Beamten geändert, neue Waffen beschafft und die Schutzausrüstungen den neuen Anforderungen angepasst werden, neue Organisationseinheiten entstanden.

Die bislang größte Geißel des 21. Jahrhunderts, der religiös verkleidete islamistische Terror des sogenannten IS, erfordert eine weltumspannende Zusammenarbeit der Sicherheitsbehörden in den betroffenen Ländern und wird auch die Stuttgarter Polizei noch etliche Jahre beschäftigen.

Im 19. Jahrhundert verfügte der »Herr Wachtmeister« über Schlagstock, Säbel und eine Trillerpfeife, um für »Ruhe und Ordnung« zu sorgen und in dieser Funktion bei Alt und Jung respektiert zu sein. Sein Kollege im 21. Jahrhundert hat modernste Polizeiwaffen und Streifenfahrzeuge mit Digitalfunk, wurde psychologisch geschult und ist ein moderner Dienstleister für Sicherheit.

Einsatz gegen Amok-Täter

BIS ZU DEN BEGINNENDEN Studentenunruhen Ende der 1960er-Jahre verharrte die Polizei in der Waffenausbildung in den Strukturen einer überlieferten Schießausbildung, die bis in die 1930er-Jahre zurückreichte. In einer sich dynamisch wandelnden Kriminalitätslage – Terrorismus, Geiselnahmen, organisierte Kriminalität – wurde die polizeiliche Bewaffnung und Schießausbildung 1972 komplett erneuert. Die praktische Schießausbildung stand nun im Zeichen des

> *»Schießens unter einsatzmäßigen Bedingungen. Er [der Polizeibeamte] ist dabei an das Schießen mit wechselnden Anschlagarten, aus Deckungen, unter körperlichen Belastungen, unter Zeitbegrenzungen bei ungünstigen Lichtverhältnissen zu gewöhnen.«*

VORSCHRIFT FÜR DIE SCHIESSAUSBILDUNG, PDV 211 AUSGABE 1972.

DAS EINSATZMÄSSIGE SCHIESSTRAINING wurde konsequent weiterentwickelt. Hauptamtliche Schießtrainer wurden eingesetzt. Das integrierte, funktionsbezogene Training enthält praxisnahe Handlungsabläufe, in denen der Polizeibeamte situativ erkennen muss, wie er handeln muss und dass er für die Folgen persönliche Verantwortung trägt.

> »Diese integrierte Fortbildung beinhaltet: Stressbewältigungstraining, Kommunikationstraining, taktische Situationsbeherrschung, Eingriffstechnik.«
> Polizeidienstvorschrift 211
> PDV 211.

ALS REAKTION AUF DIE BLUTTAT an einer Schule in Erfurt im Jahre 2002 wurde für die Bewältigung dieser Extremlage ein spezielles Trainingsprogramm 2005 insbesondere für Streifenbeamte eingeführt. Dieser Schusswaffengebrauch ist mit höchster Lebensgefahr auch für den Polizeibeamten verbunden. Das modular aufgebaute Trainingsprogramm beinhaltet das taktische Vorgehen, Training mit interaktiven Schießanlagen unter Einbeziehung des Farbmarkierungstrainings.

> »Amokläufer mit Samuraischwert durch Kirche gestürmt
> In Stuttgart ist ein Amokläufer während eines Gottesdienstes in eine Kirche gestürmt und hat mit einem Samuraischwert um sich geschlagen. Er tötete einen Menschen und verletzte mehrere. Die Polizei spricht von einem ›Bild des Grauens‹.«
> www.spiegel.de/panorama
> 03. 04. 2005.

PISTOLE P 2000
HERSTELLER: Heckler & Koch, Oberndorf
TYP: P 2000 V5
KALIBER: 9 x 19 mm

2003 wurde bei der baden-württembergischen Polizei die Standardwaffe P 2000 von Heckler & Koch eingeführt. Sie entspricht vollständig dem Forderungskatalog des Polizeitechnischen Instituts (PTI) an die neue Waffengeneration:
• Maximalgewicht 900 Gramm
• im Zustand »erhöhter Feuerbereitschaft« sichere Trageweise, die schnelles Ziehen ermöglicht
• Lebenserwartung von 10 000 Schuss
• einfach beherrschbare Bedienungselemente
• schneller Magazinwechsel durch günstig erreichbaren Magazinhalter
• Zündstiftsicherung, keine manuelle Sicherung

NEUE HERAUSFORDERUNGEN AUF DEM WEG INS 21. JAHRHUNDERT

Der Zementmord

JUGENDLICHE TÖTEN EINEN ABITURIENTEN, weil einer von ihnen auf diesen eifersüchtig ist. Kaltblütig und gefühlos schlagen sie auf ihr Opfer mit einem Baseballschläger ein. Einmal unterbricht einer der Täter die Gewaltorgie und sagt zu seiner Freundin: »Siehst du, wie ich dich liebe.« Anschließend wird die Leiche zerstückelt, einbetoniert und in den Neckar geworfen. Fassungslose Kriminalbeamte treffen auf junge Täter, die in einer scheinbar anderen Welt leben, sich ziellos treiben lassen, wo coole Markenklamotten und das neueste Mobiltelefon den Wert eines Menschen ausmachen. Empathielos schildern sie die Tat, als würden sie von einem Schulausflug erzählen.

21.08.2007
21:00 UHR Gegen 21:00 Uhr ruft die noch 16-jährige Sesson K. den 19-jährigen Yvan S. zu Hause an und verabredet sich mit ihm. Von ihrem eifersüchtigen Freund Deniz E. hatte sie den Auftrag, Yvan S. in ein Obstwiesengebiet östlich von Kernen-Rommelshausen zu locken. Deniz E., 20 Jahre alt, wollte sich zusammen mit seinem 22-jährigen Freund Roman K. bei Yvan S. »rächen«, da dieser angeblich mit Sesson K. befreundet war.

21:15 UHR Deniz E. und Roman K. treffen am verabredeten Platz ein. Brutal und rücksichtslos malträtieren sie das ahnungslose Opfer mit einem Baseballschläger. Der am Boden liegende Yvan S. wird mit den Füßen zusammengetreten, bis er stirbt.

21.08.2007 Der Getötete wird zunächst in einem Gebüsch versteckt. Deniz E. und seine Freundin fahren nach Stuttgart, um Verpackungsmaterial zu holen, während Roman K. die Leiche bewacht. Im Kofferraum wird die in eine Plastikfolie eingepackte Leiche in eine Lagerhalle nach Stuttgart gebracht, die dem Vater des Deniz E. gehört. Nun wird ein weiterer Bekannter, der 23-jährige Kajetan M., eingeweiht und hinzugezogen.

22.08.2007 – 24.08.2007 Mit einer Axt und einer Säge wird der Leichnam von den drei Männern zerteilt. Die Extremitäten werden in drei Teile zerlegt und der Kopf abgetrennt. Anschließend werden die Leichenteile in Plastiktaschen verpackt und in die Wohnung einer weiteren Bekannten im Stuttgarter Osten verbracht. Die Leichenteile werden in Blumentöpfe, der Torso in eine Papiermülltonne einbetoniert. Da die Mülltonne nun zum Transport zu schwer ist, wird sie mit einem Trennschleifer zerkleinert.

25.08.2007 Die Blumentöpfe werden in einem Lieferwagen des Vaters von Deniz E. nach Plochingen gefahren und dort im Neckar versenkt.

27.08.2007 Der Torso, inzwischen in mehrere Plastiktaschen verteilt, wird in einem Waldstück bei Großbottwar abgelegt.

27.08.2007
15:00 UHR Bewohner aus einem Haus in Stuttgart-Ost melden starken Verwesungsgeruch. Da auf Klingeln niemand reagiert, wird die Wohnung durch die Feuerwehr geöffnet. Aufgeflexte Betonteile, mit Blut verschmiert und mit Maden übersät, liegen verstreut in der ganzen Wohnung. Während die Beamten mit der Spurensicherung beschäftigt sind, kommt die Mieterin Leila K. hinzu. Ihre Freunde brachten die Leichenteile am 23.08. in die Wohnung und sagten ihr, dass sie die Wohnung »**FÜR EIN PAAR STUNDEN NUTZEN MÜSSTEN**«.

28.08.2007 Alle vier Tatbeteiligten werden festgenommen. Am darauffolgenden Tag kommen Deniz E., Roman K., Kajetan M. und Sesson K. in Untersuchungshaft.

07.04.2008 Deniz E. und Roman K. werden wegen gemeinschaftlichen Mordes und vorsätzlicher Körperverletzung zu einer Jugendstrafe von zehn Jahren, Sesson K. zu neun Jahren verurteilt. Kajetan M. wird wegen versuchter Strafvereitelung zu einer Freiheitsstrafe von drei Jahren und drei Monaten verurteilt.

ZEMENTTEIL AUS DER ABFALLTONNE: Relikt eines grausamen Verbrechens.

DIE ELEKTRONISCHE AMPELSTEUERUNG:
1971 wird der erste Verkehrsrechner in Stuttgart eingeweiht. Der »Siemens I6004 T« steuert an 35 Straßenkreuzungen im Stadtgebiet den Ampelverkehr elektronisch.

2014 gibt es in Stuttgart 805 Lichtsignalanlagen, die seit 2006 von einer »Integrierten Verkehrsleitzentrale« (IVLZ) flexibel angepasst an die Verkehrssituation gesteuert werden. 1994 wird die 55 Mann starke Dienststelle Verkehrsregelung aufgelöst.

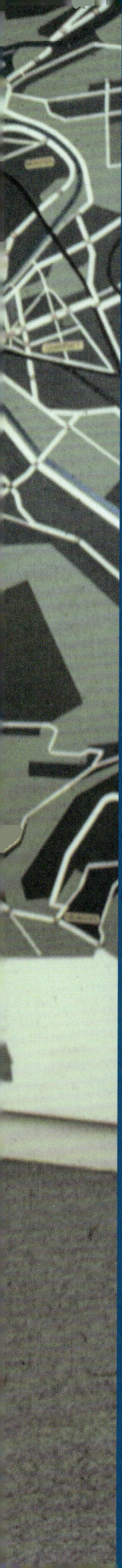

Raserei – ein Kavaliersdelikt?

SCHNELLFAHREN GEHÖRT IN DEUTSCHLAND zum Selbstverständlichen. Tempolimits, in fast allen Ländern Normalität, gibt es im Mutterland des Automobils nur eingeschränkt. Zumindest auf deutschen Autobahnen gilt: »Freie Fahrt für freie Bürger!« Radiostationen melden »Blitzer«, Tempomessgeräte gelten als »Radarfallen«. Im Schnitt betreffen jährlich zwei Drittel der beim Bundeskraftfahrtamt registrierten Verkehrsvergehen überhöhte Geschwindigkeiten. Zu schnelles Fahren ist eine der Hauptunfallursachen, bei Zweiradunfällen steht es sogar an der Spitze der Statistik. Gerade im Zeitalter der individuellen Massenmotorisierung ist die Bekämpfung der »Raserei« als vorbeugende Maßnahme zur Unfallverhütung nach wie vor eine zentrale Aufgabe der Verkehrspolizei.

RADAR AUS DER MÜLLTONNE
1990 entwickelte die Stuttgarter Verkehrspolizeiinspektion die sogenannte doppelte Radarkontrolle. Noch vor dem eigentlichen Kontrollstandort wird eine »getarnte Radarfalle« eingerichtet, die »normale Schnellfahrer« passieren lässt und erst von einer bestimmten Tempoüberschreitung an die Kamera auslöst. Somit bleiben nur die »dicken Fische« hängen. Zur Tarnung wurde auch ein Radargerät verdeckt in eine Mülltonne eingebaut. Nach einem Bericht in den »Stuttgarter Nachrichten« hagelte es massive Beschwerden gegen die »Buschräuber«, »Fallensteller« und »Abzocker« bei der Polizei. Die Mülltonne wurde schnellstens wieder außer Betrieb genommen.

VOM FUNKSTOPPVERFAHREN ÜBER DAS RADARGERÄT ZUR LASERPISTOLE
Das erste Verkehrsradargerät zur Geschwindigkeitsüberwachung wird von der Telefunken GmbH 1956 auf der Internationalen Polizeiausstellung in Essen vorgeführt. In Baden-Württemberg beginnt die Überwachung mit dem Verkehrsradargerät VRG 2 durch Erlass des Innenministeriums am 23. 10. 1957. Als weitere mobile Messgeräte kommen die Lichtschrankenmessung und das transportable Laserhandgerät (sog. Radarpistole) zur Verwendung. Anhand von Unfallschwerpunkten und Beschwerden von Bürgern werden von der Verkehrsbehörde und der Polizei die zu überwachenden Straßen bestimmt.

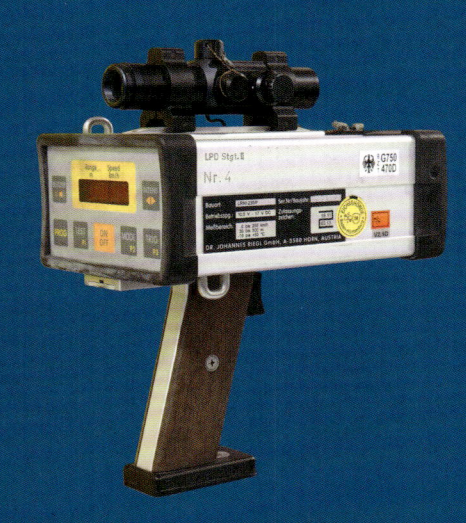

NEUE HERAUSFORDERUNGEN AUF DEM WEG INS 21. JAHRHUNDERT

FUSSBALLSPIELE in der heutigen Zeit erfordern einen immensen Aufwand an Polizeikräften.

Eigentlich ist es nur ein Spiel

ALS IN DEN 1930ER-JAHREN die »Adolf-Hitler-Kampfbahn« eingeweiht wird, strömen 60 000 fußballbegeisterte Anhänger des VfB Stuttgart in das neue Stadion. 1950 wird das »Neckarstadion« zum Schauplatz des ersten Nachkriegs-Länderspiels gegen die Schweiz – vor über 100 000 Zuschauern. Die überforderte Stuttgarter Polizei versucht, die friedlichen Menschenmassen sicher im Stadion unterzubringen.

Heute bietet sich ein anderes Szenario: Fußballspiele werden immer mehr zum Ort von Gewaltausbrüchen verfeindeter Fangruppierungen, sogenannter Ultras. Zäune und Gräben sichern die »Mercedes-Benz Arena« gegen Randalierer, mehrere Hundertschaften der Polizei müssen das Stadion und seine friedlichen Besucher vor Schlägereien entfesselter Hooligans schützen, die mit Hassgesängen und übelsten Beleidigungen »ihrem Sport« am Samstag nachgehen.

22. NOVEMBER 1950, die Mannschaft aus der Schweiz traf im Neckarstadion auf die deutschen Fußballer. Die Stadt Stuttgart brachte rund 116 000 Karten unter die Leute. Allerdings ohne zu bedenken, dass das Neckarstadion damals lediglich 96 000 Zuschauer aufnehmen konnte. In der Folge führte dies zu 20 Schwer- und 60 Leichtverletzten.
Die Polizisten vor Ort griffen beherzt ein, konnten aber nicht verhindern, dass Zuschauer wegen der Enge auf den Tribünen bald auf die Aschenbahn auswichen.

NEUE HERAUSFORDERUNGEN AUF DEM WEG INS 21. JAHRHUNDERT 151

Im Einsatz für das Sommermärchen

DIE FUSSBALL-WM 2006 versetzte das ganze Land in einen Zustand der freudigen Euphorie. Eine brillierende Nationalmannschaft, die sich trotz ihres »nur« 3. Platzes den Rang als »Weltmeister der Herzen« erkickte, bestes Wetter, eine perfekte Organisation und eine weltweit gefeierte, fröhlich-weltoffene Stimmung sorgten dafür, dass diese WM als einer der größten Erfolge überhaupt in die Sportgeschichte der Bundesrepublik einging. Auch die Stadt Stuttgart gehörte zu den Austragungsorten dieser bedeutenden WM – und befand sich an den 31 Tagen vom 9. Juni bis zum 9. Juli 2006 in einer Art kollektivem Ausnahmezustand.

»Die Welt zu Gast bei Freunden« – so lautete der WM-Leitsatz. Für die Stuttgarter Polizei bedeutete dies, dass

> *»alle Gäste und Teilnehmer […] sich wohl fühlen und im ganzen Land Rahmenbedingungen vorfinden, die ein sicheres und unbeschwertes Erleben dieses Ereignisses gewährleisten«.*

Eckpunktepapier zum Sicherheitsmanagement am Spielort Stuttgart anlässlich der FIFA Fussball-Weltmeisterschaft Deutschland 2006.

Ein hehres Ziel, das zum längsten und größten Polizeieinsatz führte, den Stuttgart jemals erlebt hatte.

Die Vorbereitungen der Verantwortlichen waren gründlich: Bereits im November 2003 wurde eine Sicherheitskommission zur Planung aller Sicherheitsbelange eingesetzt. Vertreter der Justiz, der Rettungsdienste, der Katastrophenschutzbehörden und der FIFA stimmten sich unter Führung der Polizei bei der Erstellung eines komplexen Sicherheitskonzeptes ab. Schnell waren die Sicherheitsbehörden zu einem Team zusammengewachsen, das ein effektives und perfekt synchronisiertes Miteinander im bevorstehenden vierwöchigen Einsatz ermöglichte. Sämtliche Szenarien möglicher Sicherheitsbeeinträchtigungen wurden konzeptionell durchgespielt und entsprechende Gegenstrategien entwickelt: Ob Stadionsicherheit, Public Viewing auf dem Schlossplatz, Autokorso, Hooligans, Fanmeile, terroristische Anschlagszenarien oder feiernde Menschenmassen – die Schwabenmetropole war in puncto Sicherheit auf die große vierwöchige Party mit der »Welt zu Gast bei Freunden« bestens vorbereitet.

Ein wichtiger Einsatzschwerpunkt neben dem Stadion war die Stuttgarter Innenstadt. Bis zu 40 000 Menschen standen im Public-Viewing-Bereich wie gebündelt auf kleinstem Raum, feierten und jubelten ausgelassen und enthusiastisch. Noch mehr Menschen, bis zu 80 000, hielten sich in der unmittelbaren Nähe dicht gedrängt um den Schlossplatz auf. Insbesondere nach den Spielen der deutschen Mannschaft »wanderten« die Fans dann auf die 300 Meter entfernte Hauptverkehrsachse »Theo«, einen knapp ein

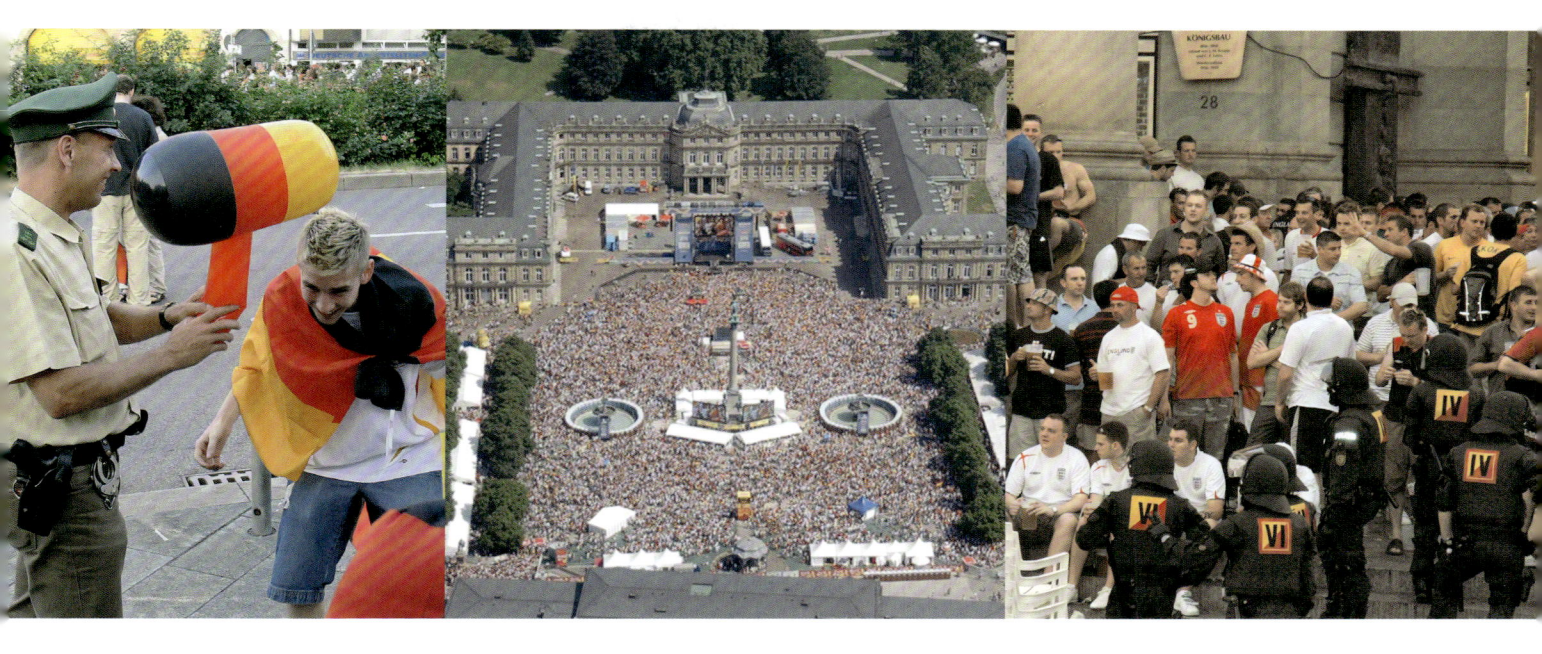

Kilometer langen Boulevard mit szenetypischen Lokalitäten, der sich zur großen Stuttgarter Fanmeile entwickelte und deshalb komplett für den Straßenverkehr gesperrt werden musste. An den Spieltagen waren bis zu 1 800 Polizeibeamte im Einsatz.

Eine der größten polizeilichen Herausforderungen waren die Geschehnisse rund um das Spiel der Engländer in Stuttgart. Mussten bereits zwei Tage vor dem Spiel 126 Hooligans nach Auseinandersetzungen in Gewahrsam genommen werden, so folgten am Abend vor dem Englandspiel weitere 419 Festnahmen vorwiegend englischer Randalierer, die die restliche Nacht in einem Freiluftgewahrsam auf dem Pragsattel im Gelände des Präsidiums verbringen mussten und mit einem Betretungsverbot der Innenstadt belegt wurden.

Der Höhepunkt war zweifellos der Aufenthalt der deutschen Mannschaft zum Spiel um Platz drei. Unzählige Fans strömten begeistert in die Landeshauptstadt, fieberten mit der Nationalmannschaft und sangen lauthals »Stuttgart ist viel schöner als Berlin«. Vor dem Spielerhotel am Hauptbahnhof mussten 400 Beamte eine Menschenmenge von 20 000 jubelnden Fans sichern.

Als der Vorhang der WM 2006 sich senkte, konnten das ganze Land, seine Nationalmannschaft und auch die »Blaulichtfraktion« auf vier ebenso anstrengende wie auch erfolgreiche und fröhliche Wochen zurückblicken. Die Stuttgarter Polizei war während der gesamten Zeit aufgrund ihrer präzisen und frühzeitigen Einsatzvorbereitung und der situationsgerecht umgesetzten Einsatzstrategie den aktuellen Geschehnissen immer einen Schritt voraus gewesen – und leistete damit einen wichtigen Beitrag zum legendären »Sommermärchen« 2006.

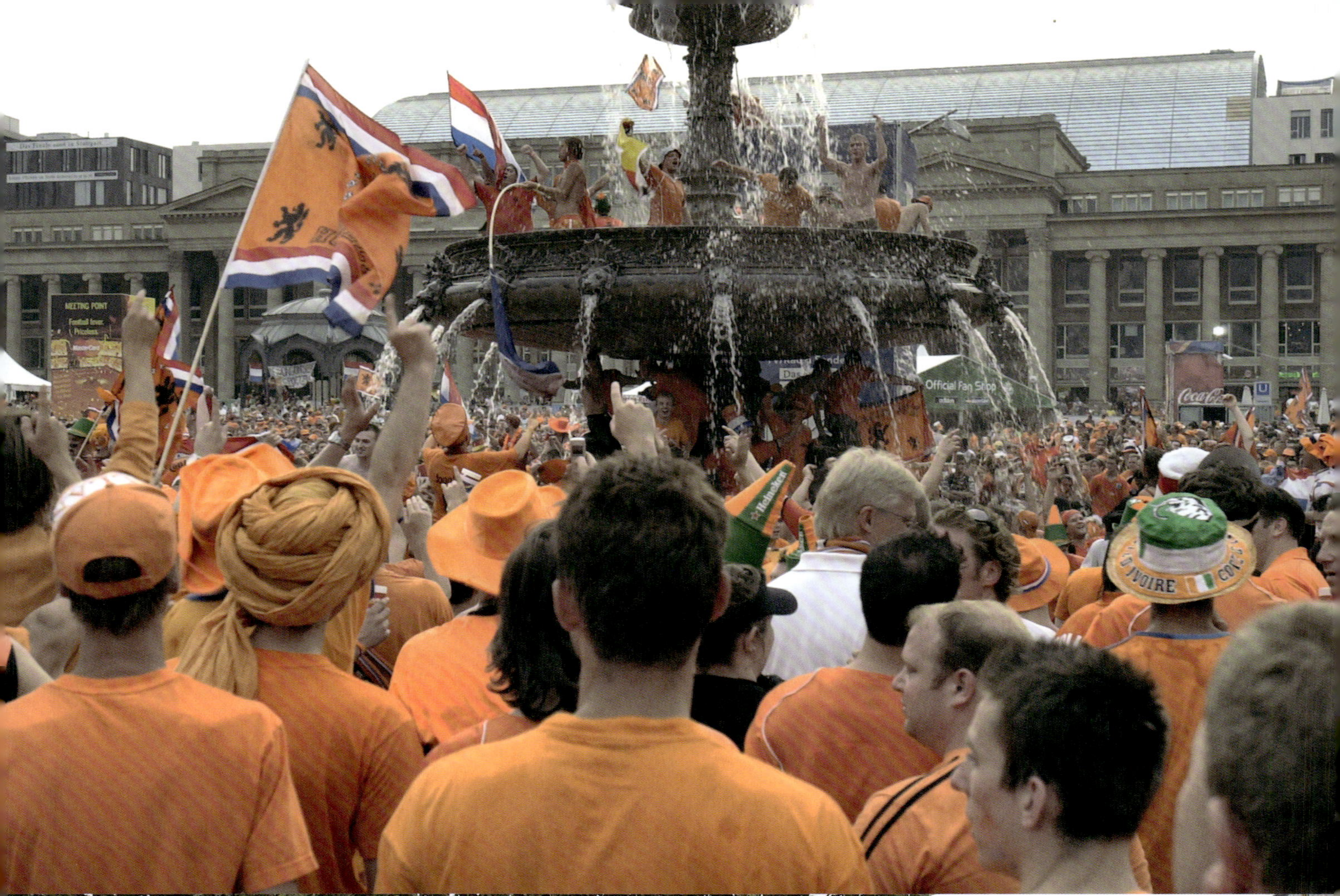
MEETING POINT
Official Fan Shop

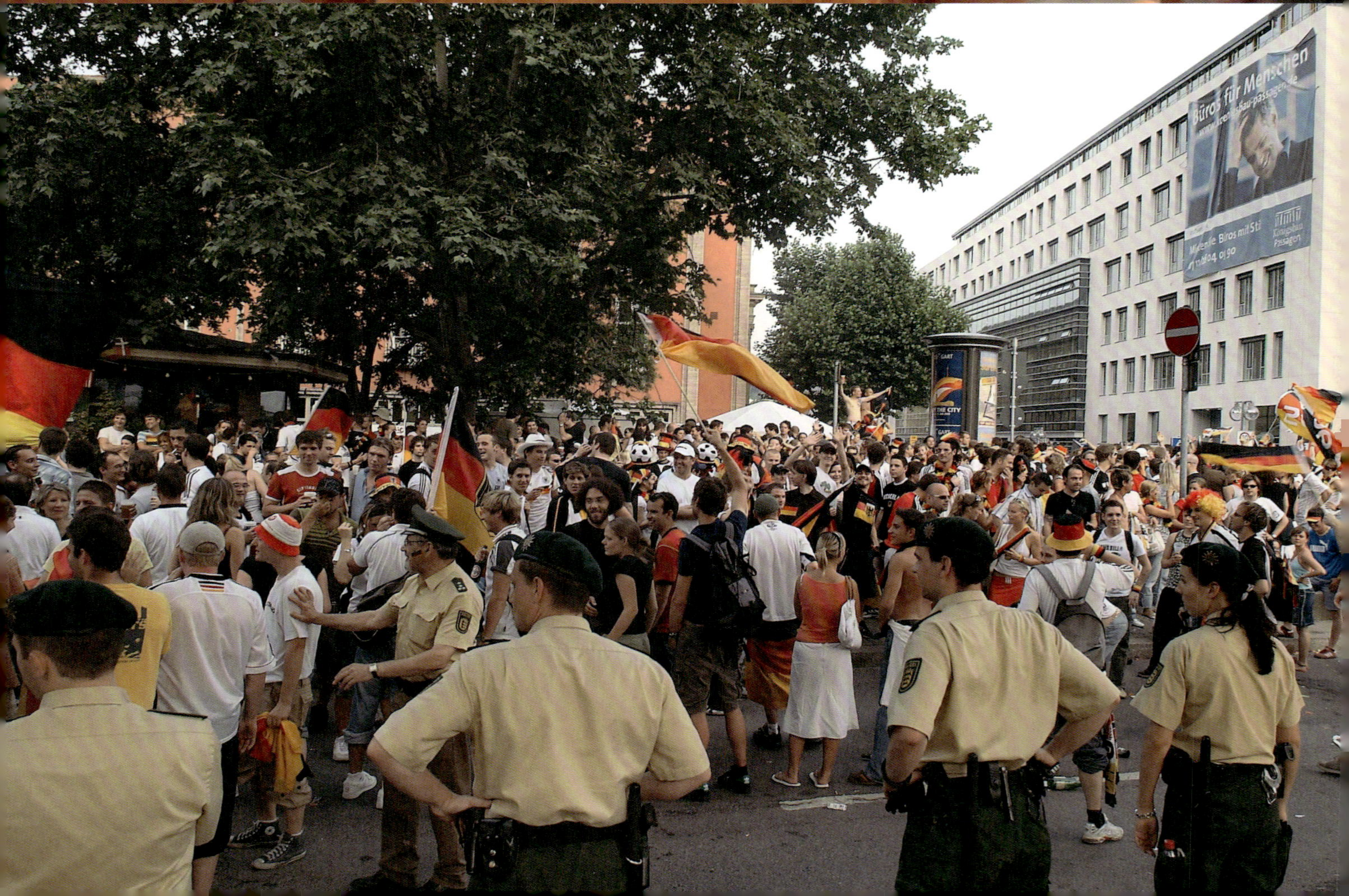
Büros für Menschen

Danke Jungs
für 4 tolle WM-Wochen
Stuttgart ist stolz auf Euch!

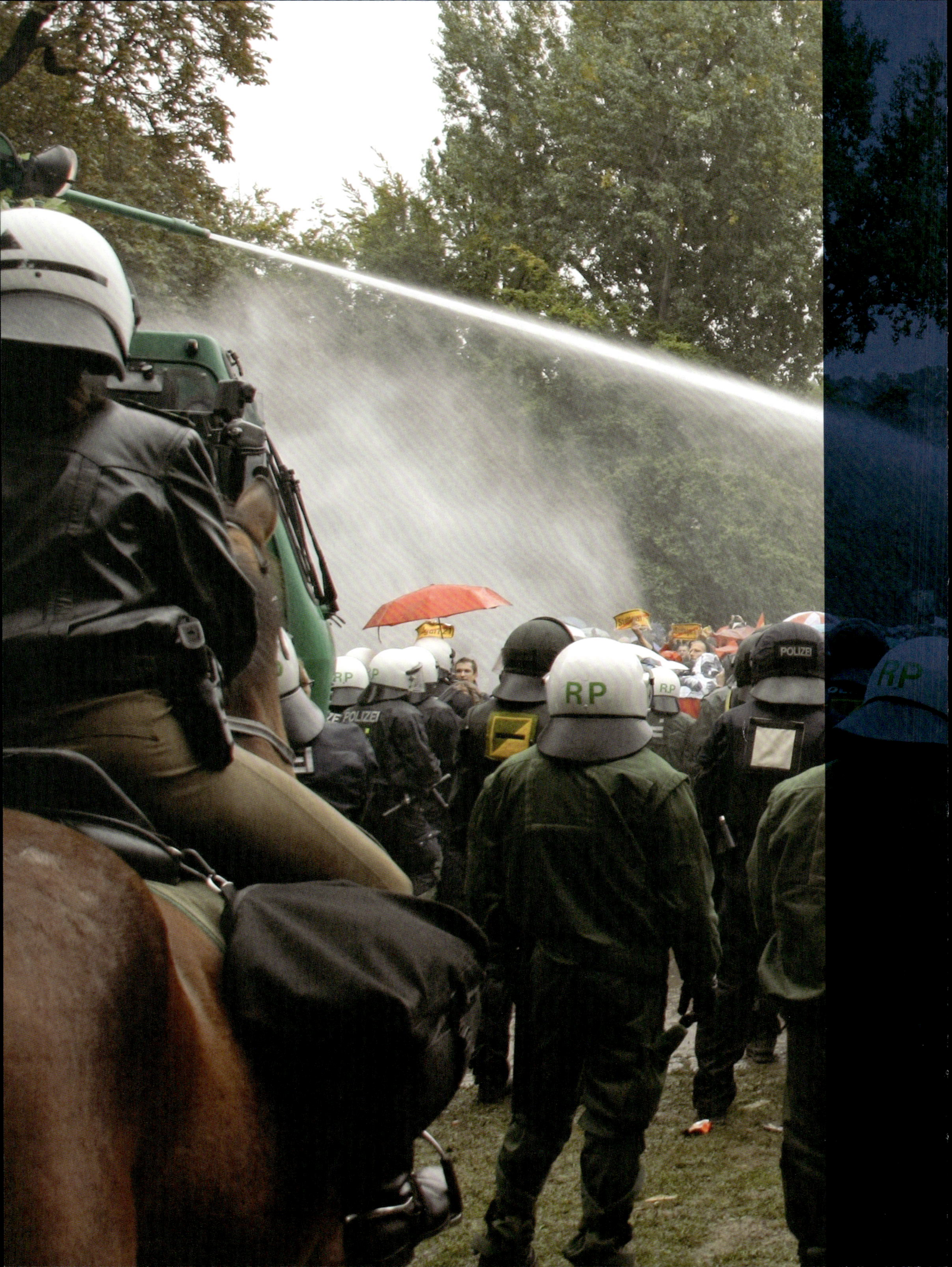
RP
POLIZEI
RP
POLIZEI
RP

»**AUSRÜSTUNG**« eines Einsatzbeamten 2010. Schwer entflammbare Einsatzhose und Jacke, ballistische Schutzweste, Einsatzstiefel, Handschuhe, Schutzhelm, Protektoren zum Schutz von Armen und Beinen, Schlagstock, Schutzschild, Dienstpistole, Funkgerät, Handschließe, Gewicht: ca. 15 kg. Kosten der Ausstattung: ca. 2.500 Euro.

»Der schwarze Donnerstag«

DER ERBITTERTE STREIT um das Bahnhofsprojekt Stuttgart 21 eskaliert am 30. September 2010 im Stuttgarter Schlossgarten. Die bisher weitestgehend friedlich und gewaltlos verlaufenen »Montagsdemonstrationen« verlieren an diesem Tag ihre Unschuld. Hochemotionalisierte Stuttgart-21-Gegner und eine überforderte Polizei lassen den Einsatz vollkommen aus dem Ruder laufen. Binnen kürzester Zeit werden über SMS und Twitter Hunderte von Demonstranten mobilisiert, die den Schlosspark stürmen. Wasserwerfer kommen zum Einsatz, es kommt zu Verletzten. Der Einsatz endet in einem Desaster.

DIE BILANZ: Eine gespaltene Stadtbevölkerung, 178 Verletzte, 422 000 Polizei-Einsatzstunden (Kosten ca. 18,7 Millionen Euro), 515 Strafverfahren gegen Polizeibeamte und Demonstranten, Freiheitsstrafen und Strafbefehle gegen Polizeibeamte wegen Körperverletzung im Amt sowie Verurteilungen von Demonstranten wegen Widerstand, Sachbeschädigung, Bedrohung, Beleidigung und Verstößen gegen das Versammlungsgesetz. Am 18. November 2015 stellt das Verwaltungsgericht Stuttgart fest, dass die Androhung und Anwendung des unmittelbaren Zwangs rechtswidrig waren, da es sich bei der Menschenansammlung im Schlossgarten um keine Verhinderungsblockade gehandelt habe, sondern um eine verfassungsrechtlich geschützte Spontanversammlung. Auf das Einlegen einer Berufung gegen das Urteil beim VGH Baden-Württemberg hat das Land Baden-Württemberg verzichtet.

Ministerpräsident Kretschmann entschuldigte sich persönlich bei den verletzten Opfern. Das Land Baden-Württemberg leistete und leistet Schadensersatz- und Schmerzensgeldzahlungen.

Die Stuttgarter Polizei wird »blau«

UNIFORM eines Leitenden Polizeidirektors in Stuttgart bis 2010.

UNIFORM des Inspekteurs der Polizei, höchster Repräsentant der Vollzugspolizei in Baden-Württemberg, 2010.

2007 BESCHLOSS DIE LANDESREGIERUNG von Baden-Württemberg die Umstellung von den alten grünen auf blaue Uniformen. Nach Trageversuchen, europaweiter Ausschreibung und weitreichender Beteiligung von Polizeibeamten, Personalrats- und Gewerkschaftsvertretern erfolgte ab 2010 die flächendeckende Umstellung.

DANKSAGUNG

SCHREIBEN ALLEIN macht noch kein Buch. Gern möchte ich mich deshalb für die mannigfache Hilfe und Unterstützung bedanken – sei es intellektueller, institutioneller oder persönlicher Art gewesen –, die dieses Werk erst möglich gemacht hat. Für die Hilfe bei der Beschaffung von Archivmaterial sind wir den Mitarbeitern folgender Institutionen besonders dankbar: Stadtmuseum Stuttgart, Stadtarchiv Stuttgart, Haus der Geschichte Baden-Württemberg, Hauptstaatsarchiv Stuttgart und ganz persönlich Herrn Dr. Häußermann vom Staatsarchiv Ludwigsburg, dessen Unterstützung weit über das übliche Maß hinausging und der für jedes Anliegen hilfreich zur Seite stand.

Dieses Buch wäre auch nicht Wirklichkeit geworden, wenn meine ehemaligen Kollegen und Freunde des Polizeihistorischen Vereins Hans Peter Schühlen, Archivar und Herrscher über das Bildarchiv, und Hans Pache, Waffensachverständiger, Techniker und RAF-Stammheim-Experte, beim siebenjährigen Aufbau des Stuttgarter Polizeimuseums nicht unermüdlich an dessen Verwirklichung mitgearbeitet hätten. Das Ergebnis unserer gemeinsamen Museumsarbeit ist der wichtigste Kontext für »Blaulicht im Kessel«.

Unser Museumsgestalter Lutz Eberle hat wieder einmal eindrucksvoll und mit unermüdlichem Engagement dieses Buch gestaltet, ihm sein visuelles Leben eingehaucht und es damit zu dem gemacht, was es jetzt ist. Dafür, lieber Lutz, ganz herzlichen Dank.

Am meisten muss ich mich aber bei meiner Co-Autorin Heidi Debschütz bedanken, die nicht nur bei den Museumstexten eine unersetzliche Lektorin war, sondern »Blaulicht im Kessel« exzellent sprachlich umsetzte.

Ohne die großzügige finanzielle Unterstützung dieses Buchprojekts durch den Polizeihistorischen Verein e.V. wäre »Blaulicht im Kessel« allerdings trotz der vielen Mitstreiter niemals Wirklichkeit geworden. Dafür ganz herzlichen Dank.   Michael Kühner

LITERATURHINWEISE

100 Jahre Berittene Polizei Stuttgart. 1889–1989. Hrsg. PHV Stuttgart in Zusammenarbeit mit der LPD Stuttgart II. Stuttgart [1989].

Archiv für Polizeigeschichte. 5. Jahrgang, Nr. 14, Heft 3/1994.

Ausstellungsreihe Stuttgart im Dritten Reich. Eine Ausstellung des Projekts Zeitgeschichte, »Kultur unterm Turm«. [Hrsg.: Projekt Zeitgeschichte im Kulturamt d. Landeshauptstadt Stuttgart]. Ausstellungsgestaltung u. Realisation: MICHAEL MOLNAR; CLAUDINE PACHKNICKE. [Red.: KARLHEINZ FUCHS].
[3]. *Die Machtergreifung. Von der republikanischen zur braunen Stadt* / Red: KARLHEINZ FUCHS. - Stuttgart: Projekt Zeitgeschichte im Kulturamt, 1983.
[5]. *Anpassung, Widerstand, Verfolgung. Die Jahre von 1933 bis 1939* / Projektleitung: KARLHEINZ FUCHS. - Stuttgart: Projekt Zeitgeschichte im Kulturamt, 1984.
[6]. *Stuttgart im Zweiten Weltkrieg* / [Veranst.: Landeshauptstadt Stuttgart; Bibliothek für Zeitgeschichte, Stuttgart]. Hrsg. von MARLENE P. HILLER. 2. Aufl. Gerlingen: Bleicher, 1990.

BORST, OTTO: *Stuttgart. Die Geschichte der Stadt.* Stuttgart, Aalen: Konrad Theiss Verlag, 1973. (bibliotheca urbana).

BREITMAN, RICHARD: *Der Architekt der »Endlösung«. Himmler und die Vernichtung der europäischen Juden.* Paderborn [u.a.]: Schöningh, 1996. (Sammlung Schöningh zur Geschichte und Gegenwart).

BÜHLER, SUSANNE: *Gift für den Gatten. Ein Stuttgarter Mordfall im 19. Jahrhundert.* Tübingen: Silberburg-Verlag, 1995. (Reihe Frauenstudien Baden-Württemberg; Bd. 5).

Chronik der Stadt Stuttgart / Stuttgart, Stadtarchiv. 1945/48. HERMANN VIETZEN; KURT LEIPNER [Hrsg.]. Stuttgart: Klett, 1972. (Veröffentlichungen des Archivs der Stadt Stuttgart; Bd. 25).

Chronik der Stadt Stuttgart. 1933–1945. Hrsg. von KURT LEIPNER. Stuttgart: Klett-Cotta, 1982. (Veröffentlichungen des Archivs der Stadt Stuttgart; Bd. 30).

DALUEGE, KURT: *Tag der deutschen Polizei 1934.* München [u.a.]: Verlag Franz Eher Nachf., 1935.

DAVIS, BRIAN L. und WESTWELL, IAN: *Deutsche Uniformen und Abzeichen. 1933–1945.* 1. Aufl. Stuttgart: Motorbuch-Verl., 2006.

Der Baader-Meinhof-Report. Dokumente-Analysen-Zusammenhänge. Aus den Akten des Bundeskriminalamtes, der »Sonderkommission, Bonn« und dem Bundesamt für Verfassungsschutz. Mainz: v. Hase & Koehler Verlag, 1972.

Die Führer der Provinz: NS-Biographien aus Baden und Württemberg. Hrsg. von MICHAEL KISSENER, JOACHIM SCHOLTYSECK. Konstanz: UVK, Universitäts-Verlag Konstanz, 1997.(Karlsruher Beiträge zur Geschichte des Nationalsozialismus; Bd. 2.)

Die geheime Staatspolizei in Württemberg und Hohenzollern. INGRID BAUZ ... (HRSG.). 1. Aufl. Stuttgart: Schmetterling-Verl., 2013.

Die Gestapo im Zweiten Weltkrieg. »Heimatfront« und besetztes Europa. GERHARD PAUL ... (HRSG.). Darmstadt: Wissenschaftliche Buchgesellschaft, 2000.

Die Polizei im NS-Staat. Beiträge eines internationalen Symposiums an der Deutschen Hochschule der Polizei in Münster. WOLFGANG SCHULTE (HRSG.). Frankfurt: Verl. für Polizeiwissenschaft, 2009. (Schriftenreihe der Deutschen Gesellschaft für Polizeigeschichte e.V.; Bd. 7).

DIETRICH, SUSANNE UND SCHULZE WESSEL, JULIA: *Zwischen Selbstorganisation und Stigmatisierung. Die Lebenswirklichkeit jüdischer Displaced Persons und die neue Gestalt des Antisemitismus in der deutschen Nachkriegsgesellschaft.* Stuttgart: Klett-Cotta, 1998. (Veröffentlichungen des Archivs der Stadt Stuttgart; Bd. 75).

Dokumentation der Bundesregierung zur Entführung von Hanns Martin Schleyer. Ereignisse und Entscheidungen im Zusammenhang mit der Entführung von Hanns Martin Schleyer und der Lufthansa-Maschine »Landshut«. München: Goldmann, 1977. (Goldmann-Taschenbuch; 11154. Sachbuch).

Dokumentation zu den Ereignissen und Entscheidungen im Zusammenhang mit der Entführung von Hanns Martin Schleyer und der Lufthansa-Maschine »Landshut«. Presse- u. Informationsamt d. Bundesregierung. 2. Aufl. [Bonn]: Presse- und Informationsamt der Bundesregierung, 1977.

Dressur und Führung des Polizeihundes. HRSG. ROB. GERSBACH. 3., verb. und vermehrte Aufl. Berlin: Kameradschaft Wohlfahrtsgesellschaft m.b.H. Verlagsabteilung, [1909].

FREI, NORBERT UND SCHMITZ, JOHANNES: *Journalismus im Dritten Reich.* Orig.-Ausg. München: Beck, 1989. (Beck'sche Reihe; 376).

HAHN, PAUL: *Erinnerungen aus der Revolution in Württemberg: »Der Rote Hahn, eine Revolutionserscheinung«.* Stuttgart: Berger, 1922. (Zeitgenössische Memoirenwerke).

HEINDL, ROBERT: *Der Berufsverbrecher. Ein Beitrag zur Strafrechtsreform.* 2. Aufl. Berlin: Pan-Verlag Rolf Heise, 1926.

KERSHAW IAN: *Der NS-Staat. Geschichtsinterpretationen und Kontroversen im Überblick.* 1. Aufl. Reinbek bei Hamburg: Rowohlt, 1988.

KLAIBER, RUDOLF: [undatierter Aufsatz zur Organisation des Polizeipräsidiums Stuttgart].

KOTZUREK, ANNEGRET UND REDIES, RAINER: *Stuttgart von Tag zu Tag 1900–1949. Eine Chronik.* 1. Aufl. Tübingen: Silberburg-Verlag, 2009.

KÜHNER, MICHAEL UND DÖMÖTÖR, HORST: *Chronik der Mordkommission Stuttgart.* Stuttgart, 1991.

MAIER, HEIKE: *Taktlos, unweiblich und preußisch. Henriette Arendt, die erste Polizeiassistentin Stuttgarts (1903–1908). Eine Mikrostudie.* Stuttgart: Klett-Cotta, 1998. (Veröffentlichungen des Archivs der Stadt Stuttgart; Bd. 77).

MARIGHELLA, CARLOS: *Mini-Handbuch des Stadtguerilla.* Berlin, Mai 1970.

NEUKIRCHNER, HORST UND FREY, KURT: *Der Stuttgarter Fall Tillmann.* In: Kriminalistik, Okt. 1958–Jan. 1959.

NICEFORO, ALFREDO: *Die Kriminalpolizei und ihre Hilfswissenschaften.* Eingeleitet und erweitert von H. Lindenau. - Groß-Lichterfelde-Ost: Langenscheidt, [circa 1909]. (Enzyklopädie der modernen Kriminalistik).

OESTERLE, KURT: *Stammheim. Der Vollzugsbeamte Horst Bubeck und die RAF-Häftlinge.* 2. Aufl. München: Wilhelm Heyne Verlag, 2003.

Ordnung und Vernichtung. Die Polizei im NS-Staat. [Eine Ausstellung der Deutschen Hochschule der Polizei, Münster und des Deutschen Historischen Museums, Berlin; 1. April bis 31. Juli 2011]. Hrsg. von der Deutschen Hochschule der Polizei, Münster und FLORIAN DIERL ... Dresden: Sandstein-Verl., 2011.

PFLIEGER, KLAUS: *Die Rote Armee Fraktion – RAF. 14.5.1970 bis 20.4.1998.* 2., erw. und aktualis. Aufl. Baden-Baden: Nomos-Verl.-Ges., 2007.

RAF – Terror im Südwesten. Katalog zur Ausstellung im Haus der Geschichte Baden-Württemberg, Stuttgart, 14. Juni 2013 bis 23. Februar 2014. [Red.: Sabrina Müller]. Stuttgart: Haus der Geschichte Baden-Württemberg, 2013.

RAF: Guerilla, Widerstand und Antiimperialistische Front. [o.J.] (Anm.: Informelles Strategiepapier der RAF).

RETZLAFF, F.: *Polizei-Handbuch.* Bearb. und ergänzt von Th. Echterhoff und W. Gundlach. 31. Aufl. Lübeck: Retzlaffs Polizei-Verlag, 1925.

Rückblick auf die Tätigkeit der Stuttgarter Polizei in den Jahren 1945–1952. Stadt Stuttgart, Polizeipräsidium, 1953.

SAUER, PAUL: *Demokratischer Neubeginn in Not und Elend. Das Land Württemberg-Baden von 1945 bis 1952.* Ulm: Vaas Verlag, 1978.

SAUER, PAUL: *Geschichte der Stadt Stuttgart.* Stuttgart [u.a.]: Kohlhammer. 2. *Von der Einführung der Reformation bis zum Ende des 17. Jahrhunderts.* 1993.

SCHWEIGARD, JÖRG: *Stuttgart in den Roaring Twenties. Politik, Gesellschaft, Kunst und Kultur in Stuttgart 1919–1933.* Karlsruhe: G. Braun Buchverlag, 2012.

SELZER, ROLF: *Stuttgarter Schutzmannssäbel.* In: Archiv für Polizeigeschichte, 6. Jg., Nr. 15/16, Heft 1–2 / 1995, S. 29–30.

STEHLE, HANSJAKOB: *In ewiger Ruhe das Ungeheuerliche. Der Grabstein des Sturmbannführers Wirth in Costermano bleibt ein Stein des Anstoßes.* In: Die Zeit, 8.11.1991.

Stuttgarter Lebenswege im Nationalsozialismus: sieben Biographien. PETER POGUNTKE (Hg.). Konstanz: Südverlag, 2015.

Stuttgarter NS-Täter: Vom Mitläufer bis zum Massenmörder. HERMANN G. ABMAYR (HRSG.). 1. Aufl. Stuttgart: Verlag Hermann S. Abmayr, 2009 (Lizenzausgabe Schmetterling Verlag Stuttgart).

Stuttgarter Polizeigeschichte(n). Hrsg.: Polizeihistorischer Verein Stuttgart e.V. Redaktion: MICHAEL KÜHNER. 1. Aufl. Stuttgart, 2009.

SZUTTOR, ROBIN: *Ruf der Hölle.* In: Stuttgarter Zeitung, 27.12.2012, S. 32.

TEUFEL, MANFRED: *Die südwestdeutsche Polizei im Obrigkeits- und Volksstaat. Zur Geschichte der Polizei in Baden-Württemberg und Hohenzollern 1807–1932.* Holzkirchen/Obb.: Felix, 1999.

THALMANN, RITA UND FEINERMANN, EMMANUEL: *Die Kristallnacht.* Frankfurt am Main: Athenäum, 1988. (Athenäums Taschenbücher: Die kleine weiße Reihe; 108).

Topographie des Terrors. Gestapo, SS und Reichssicherheitshauptamt auf dem »Prinz-Albrecht-Gelände«; eine Dokumentation. Hrsg. von REINHARD RÜRUP. 4. verb. Aufl. Berlin: Verlag Willmuth Arvenhövel, 1988.

Über den bewaffneten Kampf in Westeuropa / Kollektiv RAF. [Berlin]: Wagenbach, [1971]. (Rotbuch; 29)

Vorschriftensammlung für die Deutsche Polizei. Ausgabe Württemberg. Band 1. Lübeck: Verlag für polizeiliches Fachschrifttum.

WANNENWETSCH, WALTER: *Das Württembergische Landjägerkorps und die reichseinheitliche Gendarmerie in Württemberg mit einer Rückschau auf die Anfänge der Landespolizei.* Hrsg. Gewerkschaft der Polizei Landesbezirk Baden-Württemberg. Stuttgart, 1986.

WIECHERT, JAN: *Böse alte Zeit: Kriminalfälle aus der hohenlohischen Geschichte.* 1. Aufl. Meßkirch: Gmeiner-Verlag, 2017. (GMEINER Kultur).

WILHELM, FRIEDRICH: *Die Polizei im NS-Staat. Die Geschichte ihrer Organisation im Überblick.* Paderborn [u.a.]: Schöningh Verlag, 1997. (Sammlung Schöningh zur Geschichte und Gegenwart).

WILHELM, FRIEDRICH: *Die württembergische Polizei im Dritten Reich.* Von der Fakultät Geschichts-, Sozial- und Wirtschaftswissenschaften der Universität Stuttgart zur Erlangung der Würde eines Doktors der Philosophie (Dr. phil.), vorgelegt von Friedrich Wilhelm. Stuttgart 1989.

ZELZER, MARIA: *Stuttgart unterm Hakenkreuz. Chronik aus Stuttgart 1933–1945.* 2. Aufl. Stuttgart: Edition Corderliers; Stuttgart: Alektor-Verlag, 1984.

Zuffenhäuser Zeitung, Nr. 208, 5. 9. 1908.

Als weitere, hier nicht aufgeführte Quellen dienten Akten, Polizeiberichte und Vorträge sowie persönlich mit Zeitzeugen geführte Interviews.

BILDNACHWEIS

S. 11: https://commons.wikimedia.org/wiki/File:De_Constitutio_criminalis_Carolina_(1577)_01.jpg

S. 14/15: https://commons.wikimedia.org/wiki/File:Seutter_Stutgardia_Würtenbergensis_Ducatus_Metropolis.jpg

S. 18, 19: Hauptstaatsarchiv Stuttgart. E 143 Bü 4521.

S. 22/23, 24, 25, 26, 27, 35, 46 o.l., o.r., 47 u.l., 76 o.l., 79 l.: Staatsarchiv Ludwigsburg.

S. 34 Polizeimuseum Niedersachsen.

S. 54 o., 55 o.l. aus: Ausstellungsreihe Stuttgart im Dritten Reich. [3]. Die Machtergreifung. Von der republikanischen zur braunen Stadt / Red: Karlheinz Fuchs. – Stuttgart: Projekt Zeitgeschichte im Kulturamt, 1983. (Heslach-Schlacht: Faksimile aus dem »NS-Kurier«; Demonstrationsbild: Quelle unbekannt).

S. 55 u., 73, 75, 82/83: Stadtarchiv Stuttgart.

S. 60 o.M.: Haus der Geschichte Stuttgart.

S. 60/61 o.: Landesmedienzentrum Baden-Württemberg.

S. 77: Stadtmuseum Stuttgart.

Alle weiteren Bilder: Polizeihistorischer Verein Stuttgart e.V.